www.tredition.de

AF287611

Deutsche Nachwuchsgesellschaft für Politik- und Sozialwissenschaft e.V. (Hg.)

Protest und Demokratie - Politische Soziologie

1. und 2. Studentische Fachtagung der Deutschen Nachwuchsgesellschaft für Politik- und Sozialwissenschaft

www.tredition.de

© 2013 Deutsche Nachwuchsgesellschaft für Politik- und Sozialwissenschaft e.V.

Umschlaggestaltung, Illustration: Sören Ellerbeck | Sebastian Kabst

Verlag: tredition GmbH, Hamburg
ISBN: 978-3-8495-0388-8
Printed in Germany

Das Werk, einschließlich seiner Teile, ist urheberrechtlich geschützt. Jede Verwertung ist ohne Zustimmung des Verlages und des Autors unzulässig. Dies gilt insbesondere für die elektronische oder sonstige Vervielfältigung, Übersetzung, Verbreitung und öffentliche Zugänglichmachung.

Bibliografische Information der Deutschen Nationalbibliothek:
Die Deutsche Nationalbibliothek verzeichnet diese Publikation in der Deutschen Nationalbibliografie; detaillierte bibliografische Daten sind im Internet über http://dnb.d-nb.de abrufbar.

Inhaltsverzeichnis

Teil II

Teil I

1. Studentische Fachtagung „Protest und Demokratie"

12. -13. November 2011 in Osnabrück

Vorwort zur 1. Studentischen Fachtagung „Protest und Demokratie"

Der vorliegende Tagungsband ist das Ergebnis der 1. Studentischen Fachtagung der Deutschen Nachwuchsgesellschaft für Politik- und Sozialwissenschaft e.V. (DNGPS), die am 12. und 13. November 2011 unter dem Titel Protest und Demokratie an der Universität Osnabrück stattgefunden hat. Das Thema der Tagung wurde vor dem Hintergrund einer „Welle" neuer Proteste gewählt, um aktuellen gesellschaftlichen Ereignissen gerecht zu werden und auch hier eine „frische" studentische Perspektive anbieten zu können.

Neben den inhaltlichen Vorträgen wurden im Verlauf der Tagung vor allem die Möglichkeiten, allgemeiner: die Lage des wissenschaftlichen Nachwuchs thematisiert. Zum Auftakt diskutierte bereits am Freitagabend ein Podium aus etablierten Wissenschaftlern, Studenten und Doktoranden die Zukunftsperspektiven für Politik- und Sozialwissenschaftler_innen. Neben der ehemaligen Vizepräsidentin für Forschung und Lehre der Universität Osnabrück, Prof. Dr. Maybritt Kallenrode, waren Franz-Reinhard Habbel (Sprecher Deutscher Städte- und Gemeindebund), sowie Christian Huesmann und Jan Knipperts als Vertreter der Promovierenden bzw. Studierendenschaft auf dem Podium. Auch am ersten Tagungstag stand dieses Thema wieder auf der Tagesordnung: Julia Kümper, Vorsitzende der DNGPS, referierte zum Thema wissenschaftlicher Nachwuchs; sie erläuterte in ihrem Vortrag, warum Notwendigkeit besteht, den Begriff wissenschaftlicher Nachwuchs in der deutschen Forschungslandschaft neu zu definieren.

Die gesamte Arbeit und die Fachtagung der DNGPS wurden sowohl von der Deutschen Vereinigung Politische Wissenschaft (DVPW) als auch der Universität Osnabrück unterstützt. Beiden soll an dieser Stelle gedankt werden, denn ohne diese Unterstützung wäre die Tagung kaum realisierbar gewesen.

Als Key-Note Lecturer konnte die DNGPS Prof. Dr. Hubertus Buchstein gewinnen, der mit seinem Vortrag die Fachtagung eröffnete. Der Beitrag ist in diesem Band nicht abgedruckt, da hier die studentischen Arbeiten im Vordergrund stehen. Von den sieben zur Tagung eingeladenen studentischen ReferentInnen finden sich auf den folgenden Seiten sechs ausgewählte Beiträge, die sich dem Thema Protest und Demokratie theoretisch und empirisch widmen. Die Artikel diskutierten einige der aktuellen Protestbewegungen und Protestereignisse (z.b. Occupy-Wallstreet, Arabischer Frühling, Stuttgart21), sowie etablierte Akteure (ATTAC, Anti-AKW-Bewegung) und bereits abgeschlossene Transformationsprozesse (z.b. die Revolution in der ehemaligen DDR und Osteuropa).

Kai Mürlebach bietet mit seinem Beitrag *Irritierender Protest* eine systemtheoretische Perspektive auf Protest an. Er schlägt vor, Protest nicht als ein direktes Mittel des Einflusses auf politische Entscheidungen und Institutionen misszuverstehen – da der Einfluss auf die politische Praxis laut seiner Analyse verhältnismäßig gering ist –, sondern vielmehr als ein Moment der Systemirritation: als eine Unterbrechung gesellschaftlicher Praxis. Diesem Verständnis nach ist Protest ein Mittel der Bürgerschaft auf Regelungsbedarf aufmerksam zu machen, und den im Politischen handelnden Akteuren aufzuzeigen, wo Politiken ansetzen sollen bzw. wie Politiken und Entscheidungen aufgenommen werden könnten.

Auch Benjamin Möller geht in seinem Artikel *„Protest" ohne Öffentlichkeit? Zur Möglichkeit demokratischer Transformation jenseits „demokratischer" Institutionen* davon aus, dass der Einfluss politischen Protests auf Gesetzgebung und politische Institutionen begrenzt ist. Daran anschließend argumentiert er für einen Perspektivwechsel in der Bewertung von Protesten. Das heißt explizit: Protest jenseits etablierter Effektivitätskriterien zunächst intern zu analysieren und zu bewerten. Hierbei steht dann nicht die Veränderung der Gesellschaft bzw. der kritisierten Praxis im Vordergrund, sondern vor allem die Veränderung der Subjektivität der Protestierenden. Mit Rückgriff auf Hannah Arendts Theorie des Politischen als eines „Zusammenhandelns" und James Tullys Konzept des „cooperative citizenship" illustriert Möller, dass "Mikro-demokratien", hier wird „Occupy-Wallstreet" als Beispiel verwendet, obschon sie das Ziel ihres Handelns nicht immer erreichen, einen gewichtigen Beitrag zur Demokratisierung leisten, indem sie durch das Praktizieren einer demokratischen Regierung ihrer Selbst, die Demokratie von der Regierungs- zur Lebensform transformieren.

Felix Petersen richtet den Blick auf das Verhältnis von Protest und gesellschaftlichem Wandel. Programmatischer Anspruch seines Beitrags *Führt jede Revolution zur Demokratie? Theoretische Überlegungen zum Verhältnis von Protest und gesellschaftlichem Wandel* ist die sozialwissenschaftliche Analyse politischen Protests von der Systemfrage zu lösen – es geht also, so die These, nicht um das Verhältnis von Demokratie, als einer bestimmten Herrschaftsform, und Protest – und diesen allgemeiner als ein Mittel zur Einflussflussnahme auf gesellschaftliche Veränderung zu untersuchen. Auch in diesem Artikel wird argumentiert, dass Proteste von expliziten Ergebnissen abstrahiert untersucht werden sollten, da diese grundsätzlich nur den Anfang gesellschaftlichen Wandels darstellen. Nichtsdestotrotz, so folgert der Autor, ist es möglich aus der Beobachtung aktueller Protestbewegungen Kernkategorien abzuleiten, die eine Untersuchung politischen Protestes im Kontext gesellschaftlicher Transformationsprozesse möglich macht.

Jasper von Aleman und Jasper Finkeldey richten in ihrem Text *Protestbewegungen im Spiegel des Politischen nach Chantal Mouffe* die Aufmerksamkeit auf zwei etablierte „Protestbewegungen", nämlich das Globalisierungskritiker Netzwerk ATTAC und die rechtspopulistische niederländische Partei „Partij voor de Vrijheid" (PVV). Bei diesem Artikel handelt es sich um den Versuch, mit Rückgriff auf Chatal Mouffes Konzept des Politischen als eines "Kampfes um Hegemonie" zwei extreme Ausformungen "linken" und "rechten" politischen Handelns zu analysieren. Einerseits geht es um die Frage der Operationalisierbarkeit politischer Theorien, d.h. um deren Anwendbarkeit und Erklärungspotenzial im Verstehen politischer Praxis. Andererseits wollen die Autoren durch das ins Verhältnis setzen theoretischer Begriffe und politischer Praxis bewerten, inwiefern die genannten Protestbewegungen als „gegenhegemoniale Imperative", also im Sinne Mouffes als „legitime" Ansprüche auf Herrschaft, verstanden werden können.

Torben Fischer beschäftigt sich in seinem Artikel *Die „Wende" als Kehrtwende – Christoph Heins literarischer Protest gegen die Essentialisierung von „1989"* mit der literarischen Verarbeitung der deutsch-deutschen Wiedervereinigung im Werk Christoph Heins. Fischer zeigt in seiner Analyse der Parabel „Kein Seeweg nach Indien", dass Hein die durch Proteste herbeigeführte Transformation vom Staatssozialismus der DDR zum „Anschluss" an die BRD eher als restaurativen Akt denn als demokratische Revolution versteht. Doch, so zeigt der Autor, ist Hein kein Nostalgiker, der einer „falschen" Vergangenheit anhängt. Der Sozialismus ist hier kein „End in View", also nicht eine Praxis die wiedererweckt werden soll, sondern eher ein Korrektiv zur Kritik der Realität; also eine Referenz für die Reformulierbarkeit der Idee einer gerechten Gesellschaft. Hein zeigt, so folgert Torben Firscher, dass Alternativen notwendig und wichtig sind, um die Möglichkeit gesellschaftlichen Wandels nicht auszuschließen.

Volker Trotte diskutiert in seinem Artikel *Per I-Voting zum Parlament – Eine Analyse des estnischen I-Vote-Systems* Rechtsgrundlagen, Funktionsweise und Einführung des digitalen Wahlsystems in Estland. Er weicht damit inhaltlich vom Thema "Protest und Demokratie" ab, erhält aber gleichwohl, wie auf der Studentischen Fachtagung, die Möglichkeit, seine Ergebnisse zu präsentieren.

Osnabrück und Berlin im November 2012

Julia Kümper
(ehem. Vorsitzende der DNGPS)

Felix Petersen
(Beiratsmitglied der DNGPS)

Irritierender Protest

Kai Mürlebach

Einführung

Warum sollte man sich mit dem Thema Protest nur in demokratischen Staaten auseinandersetzen? Scheint es nicht in nichtdemokratischen Staaten viel aktueller zu sein? Gegen die Folgen, die die Proteste im Mittelmeer- und im arabischen Raum zeitigten, verblassen Phänomene wie 'Stuttgart 21' oder die Anti-AKW-Bewegung, die wenig, oder 'nur' den Ausstieg aus der Nutzung einer Technologie, nicht aber aus einem ganzen Herrschaftssystem bewirkten. Und auch in anderen autoritären Staaten hört man immer wieder von Protesten, im scheinbar so erfolgreichen China etwa scheinen sie zuzunehmen und die Reaktionen der dortigen Herrscher zeugen von einer gewissen Nervosität.

In Demokratien dagegen sind Proteste – vorläufig seien in erster Linie Demonstrationen darunter verstanden – so alltäglich, dass nur noch in Ausnahmefällen über sie berichtet wird. Ein Berliner Radiosender etwa bietet seinen Hörern nicht nur einen Veranstaltungskalender, sondern auch einen 'Demokalender', durchgeführte Demonstrationen jedoch kommen in den Nachrichtensendungen kaum vor. Die Folgen in Demokratien wirken also eher überschaubar: Auch die teilnehmerstärksten Demonstrationen scheinen wenige oder kaum direkt beobachtbare politische Veränderungen nach sich zu ziehen. Selbst im Falle der Anti-Atomkraft-Bewegung dürfte es schwer fallen, eine direkte Kausalität zwischen Demonstrationen und Entscheidungen zu ziehen, ohne die Ereignisse von Fukushima zu berücksichtigen. Und trotz der sogenannten 'Hartz 4'-Proteste Anfang der 2000er Jahre war eine Abwendung von den Grundsätzen der 'Agenda 2010' in Teilen der Parteienlandschaft erst mit größerer zeitlicher Verzögerung zu beobachten.

Zum Zeitpunkt, als der diesem Text zu Grunde liegende Vortrag vorbereitet wurde (November 2011), sah es so aus, als ob auch in Demokratien eine Eskalation von Protesten zu beobachten sei (S21, #occupy, 'London riots'). Seit dem ist jedoch nicht mehr viel geschehen: Der Bahnhof in Stuttgart wird gebaut und vergleichbare Eskalationen wie am 'Schwarzen Donnerstag' im September 2010 blieben aus. Die letzten verbliebenen 'Occupy-Camps' werden weltweit geräumt und in London endeten nicht wenige Prozesse gegen Plünderer mit teils drastischen Strafen, die Olympischen Spiele gingen ohne größere Zwischenfälle zu Ende. Von einer Zunahme oder Verschärfung von Protesten in Demokratien ist also eher nicht auszugehen.[1] Wenn also Proteste in Demokratien im Gegensatz zu Protesten in autoritäreren Staaten kaum Folgen zu haben scheinen, so ließe sich die Frage stellen, ob dieser Umstand vielleicht grade etwas damit zu tun hat. Die These ist, dass die Funktion von Protesten nicht darin liegt, direkte Veränderungen zu bewirken, sondern darin, irritierend zu wirken und (potentielle) Probleme sichtbar zu machen, ohne eine Lösung zu präjudizieren.

Bevor diese These behandelt werden kann, ist jedoch erst darzulegen, was hier unter 'Demokratie' verstanden werden soll. In der Folge wird darauf einzugehen sein, inwiefern das Konzept heute – auch aus demokratischen Staaten heraus – kritisiert wird. Im Anschluss daran wird sich dem Konzept 'Protest' zu widmen sein: Warum wird protestiert, wie wird protestiert, wer protestiert? Die Beantwortung der Frage nach der Definition von Protest verdeutlicht, dass eine Klärung der vorangegangenen drei Punkte nicht notwendig dazu führt, das Phänomen besser zu verstehen. Stattdessen ist zu betrachten, *was* Protest bewirkt, und zwar unabhängig davon, was er bewirken *soll*. Schließlich ist zu fragen, welche Folgen die Einführung von 'ein klein wenig Diktatur' haben könnte

---

[1] Aktuellste Entwicklungen vor allem in Südeuropa können noch nicht berücksichtigt werden; ob sie eine Politikwende auslösen können bleibt abzuwarten. Vor dem Hintergrund der hier vertretenen These scheint Skepsis angebracht.

– einen Wunsch, den Münkler auch heute wieder zu beobachten meint(Münkler 2010: 11).

Demokratie

Definition

Wenn hier von Demokratie gesprochen wird, soll – ganz 'funktional' – an 'funktionierende' Demokratien gedacht werden. Nicht auf konstitutionelle Grundlagen oder Selbstbeschreibungen kommt es an: Die schlimmsten Diktaturen nannten und nennen sich selbst demokratisch und in zu vielen Verfassungen sind demokratische Grundsätze verankert, ohne dass dies Folgen hätte. Es lässt sich vermuten, dass die Selbstbeschreibung als Demokratie heute insofern 'dazugehört', als dass ihre explizite Ablehnung ein Regime erhöhtem (externen) Widerspruch aussetzt (Meyer et al. 1997: 160). Eine zumindest 'rhetorische' Demokratie scheint mithin 'sicherer' zu sein, 'gelenkt' werden kann sie ja immer noch.

Abseits von Rhetorik sollen vier konkrete Kriterien auf das Vorhandensein eines demokratischen Staates hindeuten.[2] Als erster Indikator kann die Mitgliedschaft eines Staates in der OECD gelten; keiner der dort vertretenen Staaten scheint mit existenziellen Bedrohungen konfrontiert. OECD-Staaten zeichnen sich zudem in der Regel durch eine Geschichte reibungsloser Machtwechsel in Folge (freier) Wahlen aus, wie auch dadurch, dass ein radikaler Wechsel der Regierungsform in nächster Zukunft kaum denkbar scheint. Weitere Anhaltspunkte bieten das Vorhandensein und die Einklagbarkeit (womit eine funktionierende Gewaltenteilung vorausgesetzt ist) grundlegender Menschen- und Bürgerrechte (e.g. freie, geheime und gleiche Wahl, Recht auf Eigentum, Meinungs-, Versammlungs-, Religionsfreiheit, etc.).

---

[2] Für eine ähnliche Konzeption von Demokratie und Verweise auf stärker empirische Definitionen (Tilly 2007: 1ff).

Aktuelle Demokratiekritik

Auch in 'funktionierenden' Staaten, die die genannten vier Kriterien (geglückte Machtwechsel, keine existentielle Bedrohung, Grundrechte, Gewaltenteilung) erfüllen, sieht sich die Demokratie als Staatsform jedoch heute Kritik ausgesetzt. Viele der Punkte sind alt und scheinen doch aktuell: Wie soll damit umgegangen werden, wenn in freien Wahlen 'falsche' Parteien gewählt werden? In vielen europäischen Staaten fahren populistische Parteien hohe Ergebnisse ein, in schwachen, sich konstituierenden Demokratien werden teils Parteien gewählt, die das System an sich abschaffen wollen. Allerdings perfektionieren populistische Parteien nur, was auf anderer Ebene allen Parteien vorgeworfen wird: Die Orientierung am Wähler. Populisten sagten nur, was 'alle' dächten, aber auch etablierte Parteien neigten dazu, kontroverse Themen nicht anzusprechen und dem Wahlvolk objektiv unhaltbare Versprechen zu machen, während die 'eigentlichen' (und unpopulären) Probleme brach lägen. Mit der Orientierung am Wähler ginge eine gewisse 'Kurzsichtigkeit' einher: Interessant seien jeweils nur die nächsten Wahlen. Damit werde der Zeithorizont auf die aktuelle Wahlperiode beschränkt und mehr Zeit benötigende Problemlösungsansätze würden ignoriert, weil sie in der nächsten Legislaturperiode nicht fortgeführt werden können – sei es wegen eines Machtwechsels oder in Folge des Diskontinuitätsprinzips. Mit dieser kurzfristigen Orientierung einher gehe eine Tendenz zu faulen Kompromissen. Sowohl innerhalb der Regierungsfraktion als auch – im Falle benötigter breiter Mehrheiten – zwischen Regierung und Opposition. Als aktuelle Beispiele in Deutschland können etwa die Zustimmung der SPD zum Fiskalpakt unter der Bedingung, dass dafür eine Finanztransaktionssteuer eingeführt werde, oder die Debatte um das Betreuungsgeld, in der die Zustimmung der einen Fraktion zu diesem Vorhaben durch die Zustimmung der anderen zu anderen Vorhaben erkauft werden soll, gelten. Der Vorwurf ist also, dass statt 'gute' (weil objektiv richtige Gesetze) zu verabschieden, ein Kuhhandel stattfinde und danach gleich zwei 'schlechte' Regelungen eingeführt würden. In Wahlkampfzeiten, so die Kritik, käme es dann nicht einmal mehr zu diesen 'faulen' Kompromissen, da die Parteien durch die notwendige Organisationsarbeit und den Zwang, sich vom politischen Gegner abzusetzen – und entsprechend wenig Kompromissbereit zu sein – alle produktive Arbeit unmöglich mache. Einige weitere Kritikpunkte seien hier nur angedeutet, da sie im großen und ganzen in die gleiche Richtung weisen: Einfluss von Parteien und Lobbyisten; Schwerfälligkeit und entsprechend Langsamkeit sowie (unterstellte) Intransparenz der Entscheidungsprozesse; Neigung von Politikern, klare Aussagen zu vermeiden; Mängel in der Auswahl des politischen Personals; Gewaltenteilung als Hindernis ('Karlsruhe vs Berlin'); Klagepotential unterschiedlicher Gruppierungen ('Mopsfledermaus', 'Juchtenkäfer').

Mit diesem letzten Punkt lässt sich der Bogen zum Thema Protest spannen: Sind die meisten Kritiken gängig und werden als Vorurteile in unterschiedlichsten Kontexten bemüht, so schaffen es Klagen von Interessengruppen wegen ihres Neuigkeits- und Unterhaltungswertes eher in die Medien. Auch werden sie oftmals aus Protestbewegungen heraus angestrengt. Was ist nun aber allgemein unter 'Protest' zu verstehen?

Protest

Ziele – Mittel – Akteure?

Das Thema 'Protest' wirft eine ganze Reihe an Fragen auf: Wogegen wird protestiert? Wie wird protestiert? Wer protestiert? Festzuhalten ist, dass selten 'für' etwas protestiert wird. Zumeist mobilisiert vor allem 'gegen' etwas zu sein dazu, auf die Straße zu gehen. Sind es doch einmal positiv formulierte Forderungen, wird häufig schnell klar, gegen was sie sich richten: Wer *für* Frieden demonstriert engagiert sich *gegen* Krieg; *für* eine gerechtere Weltwirtschaft, *gegen* die bestehende, offenbar als ungerecht empfundene Weltwirtschaftsordnung. In anderen Fällen wirken 'Pro'-Demonstrationen schnell peinlich – man denke etwa an die Solidaritätsbekundungen im Falle zu Guttenbergs – oder es fällt ihnen schwer, ein ähnliches Mobilisierungspotential wie 'Dagegen'-Demonstrationen zu erreichen, wie bei S21-Unterstützern in Stuttgart zu beobachten war. In Teilen mag dies sicherlich damit zusammenhängen, dass Unterstützungsdemonstrationen aus autoritären Staaten bekannt sind und dort meist offensichtlich von staatlicher Seite – nicht selten mit Zwang – organisiert werden. Entsprechend leidet die Glaubwürdigkeit solcher Veranstaltungen allgemein. Als Beispiele für weitere Protestthemen können – ohne Anspruch auf Vollständigkeit – benannt werden: Bildung (Bildungsstreik), Stromerzeugung (Atomkraft, Solarenergie, Windkraft, Bioenergie, etc., Hollersen 2010), Infrastrukturprojekte (Autobahnen/Straßen, Hochspannungsleitungen, Pipelines, etc.), Freiheit (...statt Angst), Demokratie, Religion. Diese Aufzählung soll bei aller offensichtlichen Unvollständigkeit nur eines verdeutlichen: Bei der Definition, was Protest ausmacht, ist die Aufzählung von Protestthemen wenig hilfreich.

Ähnliches lässt sich auch für den Versuch sagen, Protest an Hand der verwendeten Protestmittel zu definieren: Eine offensichtliche Protestform ist die bisher schon vorausgesetzte Demonstration. Diese sind in Demokratien fast täglich beobachtbar und bleiben dennoch häufig scheinbar folgenarm. Sie treten in verschiedenen Ausprägungen auf, können friedlich bleiben, in (Sitz-)Blockaden münden, zu Straftaten aufrufen ('Schottern'), etc. Ebenso vor allem in Demokratien anzutreffen ist der Protest 'in der Wahlkabine', wenn etwa populistische, gerne durch ein vorangestelltes 'Protest-' (ab-)qualifizierte Parteien gewählt werden, oder auch dadurch, der Wahl ganz fernzubleiben bzw. absichtlich ungültig zu wählen. Aber auch im Alltag kann jederzeit 'protestiert' werden: Sei es durch Kleidung, das Aussehen, das Tragen von Buttons oder durch bestimmte Verhaltensweisen. Mit letzterem Punkt wird allerdings deutlich, wie schwammig eine solche Definition wird. So mag das Zelten auf öffentlichen Plätzen, wie etwa im Rahmen der 'farbigen' Revolutionen in Osteuropa, oder durch die 'Occupy'-Bewegung, als Protest erkennbar sein, aber ist beispielsweise Plündern (wie in

England im August 2011) Protest? Wie steht es allgemein mit der Anwendung von Gewalt? Kommuniziert man damit, dass einem das Thema des Protests so wichtig ist, dass man bereit ist die Konsequenzen zu tragen? Oder wird man dadurch zum unpolitischen 'Chaoten', zum 'erlebnisorientierten Jugendlichen', mit dessen Forderungen man sich nicht mehr ernsthaft auseinanderzusetzen braucht? Die besondere Problematik wird auch in autoritären Regimen deutlich: In Weissrussland etwa wurde 2011 im Zuge einer Repressionswelle das Demonstrationsrecht eingeschränkt. Die weiterhin Protestwilligen verlegten sich darauf, bei offiziellen Veranstaltungen übermäßig zu klatschen, was in der Folge ebenfalls verboten wurde. Zuletzt wurde selbst öffentliches Schweigen und Spazierengehen unter Strafe gestellt, denn es konnte nicht mehr unterschieden werden, wer 'wirklich' nur spazieren geht und wer dadurch Protest ausdrücken will.

Als eine letzte Möglichkeit der Unterscheidung könnte sich die Frage anbieten, wer protestiert. Allerdings kann hier schon eine Aufzählung einzelner Stichworte offensichtlich machen, dass die Begriffe häufig politisch auf- oder abwertend gemeint sind und sich nicht für eine objektive Definition eignen: 'Wutbürger', 'Krawallmacher', 'Indignados', gewerkschaftlich / parteilich Organisierte, 'erlebnisorientierte Jugendliche', 'Links-' bzw. 'Rechtsradikale', Demokraten, Oppositionelle, 'Berufsprotestierer', (gerne auch 'radikale') Umweltschützer, 'Besitzstandswahrer', etc.

An dieser Beschreibung dreier möglicher Ansatzpunkte, Protest zu definieren, ist vor allem deutlich geworden: Die Fragen, *warum* und *wie* protestiert wird und *wer* protestiert sind beobachterabhängig und damit ungeeignet, bei der Definition von Protest zu helfen. Die Beantwortung dieser Fragen führt nur zu weiteren Fragen und zu Abgrenzungsproblemen. Stattdessen gilt es zu betrachten, welche Funktion Protest erfüllen könnte.

Funktion

Eine Möglichkeit, Protest in dieser Weise zu definieren, stammt von Christoph Virgl. Ihm zufolge ist Protest als „eine ganz normale

Kommunikation" zu verstehen, „die das Nein überprivilegiert, aber dennoch gesellschaftlich wirksam ist." (Virgl 2011: 16) Damit werden die Fragen nach dem 'warum', dem 'wie' und dem 'wer' unerheblich, man kann sich darauf konzentrieren, welche gesellschaftlichen Folgen Protest zeitigt und sich daraus an eine Definition des Begriffs annähern. Einzige Voraussetzung ist, dass etwas existiert, gegen das protestiert, also 'Nein!' gesagt werden kann. Dabei wird es sich in in der Regel um eine politische Entscheidung handeln, denn das politische System ist – so es unangefochten über das Gewaltmonopol verfügt – die einzige Instanz, die kollektiv verbindliche Entscheidungen treffen kann.[3] Jeder Protest richtet sich also (auch) gegen die Politik, die nichts unternimmt (etwa regulativ eingreift).

Um sich der Bedeutung, die Protest in Demokratien einnimmt, bewusst zu werden, soll im folgenden ein Blick auf autokratische Staaten und ihren Umgang mit Widerspruch geworfen werden. Zuvor sind allerdings zwei Abgrenzungen zu treffen: Protest ist nicht mit Opposition gleichzusetzen und die häufig getroffene Unterscheidung von Protest und Partizipation ist nicht zielführend.

Auf den ersten Blick mag der Unterschied zwischen Opposition und Protest klein wirken, scheinen sich doch beide dadurch auszuzeichnen, dass sie in der Regel auf Entscheidungen der Regierung mit der Kommunikation eines 'Nein' reagieren. Hier ist allerdings zwischen dem allgemeinen Oppositionsbegriff und der Opposition in demokratischen Staaten zu unterscheiden: In demokratischen Staaten – die wie oben definiert u.a. über eine Geschichte reibungsloser Machtwechsel verfügen – sind mit Opposition organisierte politische Parteien gemeint, die aktuell keine Regierungsfunktionen übernehmen, dies aber könnten. In nicht- oder schwach demokratischen Staaten dagegen fällt darunter zumeist jede als politisch einordbare Gruppierung, die sich gegen die Regierung stellt. In diesen Staaten ist die politische Leitunterscheidung in der Regel

---

[3] Zu beachten ist hier, dass in der modernen Gesellschaft auch Nichtentscheiden eine Entscheidung ist (Luhmann 2003: 37).

Regierung/Regierte, während das politische System in demokratischen Staaten durch die Unterscheidung Regierung/Opposition zweitcodiert wird (Luhmann 1989).

Die zweite Abgrenzung betrifft den Begriff der Partizipation, der teilweise als Gegenbegriff zum Protest herangezogen wird – wenn etwa die Bürger stärker in Entscheidungsprozesse eingebunden werden sollen, um sie von späteren Protesten abzuhalten. Verstanden werden können darunter „Tätigkeiten […], die Bürger freiwillig mit dem Ziel unternehmen, Entscheidungen auf den verschiedenen Ebenen des politischen Systems zu beeinflussen." (Kaase 1995: 521) Dieser Definition folgend, ließe sich auch Protest als Partizipation am politischen System bezeichnen, denn auch hier soll ja Einfluss auf Entscheidungen genommen werden. Partizipation ist also nicht im Gegensatz zu Protest zu sehen, vielmehr ist Protest die Art von Partizipation am politischen System, die sich durch die Kommunikation des Neins auszeichnet.

Kein Protest

Ein 'klein wenig Diktatur'?

Die oben angeführten Kritikpunkte an einer demokratischen Organisation des politischen Systems führen dazu, dass über Alternativen nachgedacht wird. Als Beispiel kann ein Ausschnitt aus der anti-demokratischen Impulsen eher unverdächtigen Frankfurter Allgemeinen Zeitung herangezogen werden: „Für Politiker ist das Verteilen sozialer Wohltaten auf Pump, also zu Lasten kommender Generationen, wegen der sofort wählerwirksamen Auswirkungen verführerisch. […] Politiker denken fast durchweg in Wahlperioden und nicht an das langfristige Wohl des Gemeinwesens. […] Politiker, die in Wahlkämpfen […] Wohltaten auf Kosten der kommenden Generationen versprechen und damit gegen die Generationengerechtigkeit verstoßen, müssen es künftig schwer haben, Wählerstimmen zu ergattern." (Hamm 2011: 11) So lange es sich hierbei nur um einen normativen Appell an die Wähler handelt, sich bei ihrer Stimmabgabe an diesen Überlegungen zu orientieren, bleibt die Forderung unproblematisch. Anders sähe es aus, wenn daraus institutionelle oder rechtliche Regelungen abgeleitet werden sollten, würde damit doch das aktive und das passive Wahlrecht beeinträchtigt.

Die von einer solchen Vorgehensweise erhofften Vorteile lassen sich recht einfach benennen. Von der Abkopplung an die Wahlzyklen verspricht man sich eine langfristigere Orientierung der Planungen. Damit einher gehe auch eine Verringerung der nötigen Populismen: Man müsse seine als 'richtig' erkannten Politikinhalte nicht gegen offensichtlich ungerechtfertigte Angriffe von 'linker' oder 'rechter' Seite verteidigen, sondern könne Empörungswellen besser aussitzen. Daraus folgten schließlich 'bessere' Entscheidungsprozesse, wenn sich auf die Sachthemen und die Fakten konzentriert werden könne, ohne unnötige Abwehrgefechte gegen offensichtlich illusionäre Ideen führen zu müssen und weniger Energie darauf verschwendet zu werden brauche, wie sich die eigene Politik 'verkaufen' lasse, womit man unabhängiger von den Massenmedien werde. Dadurch schließlich verlöre das Kriterium der 'Telegenität' an Bedeutung und bei der Auswahl der Politiker könne eine an sachlichen Kriterien orientierte Bestenauslese stattfinden, also ein meritokratisches System installiert werden. Seien erst die 'besten' Politiker auf Grund ihrer Fähigkeiten an die Spitze gelangt, werde schließlich eine schnellere Entscheidungsfindung und -durchsetzung möglich und der politische Prozess sei endlich 'effizient' durchführbar. So oberflächlich plausibel sich diese Ideen anhören mögen, bewähren müssen sie sich darin, wie sie mit Widerspruch umzugehen vermögen.

Umgang mit Widerspruch

Mit den vorangehenden Überlegungen, nach der die 'Besten' an die Spitze des politischen Systems gehören, ist man beim alten Bild der Diktatur der Philosophen. Diese „erzwingt Einsicht, wo das Volk uneinsichtig ist. Das Problem ist jedoch, dass alle Propheten oder Philosophen sein wollen und keiner Volk." (Münkler 2010: 14)

Damit spricht Herfried Münkler das Problem an, dass mit Widerspruch zu rechnen ist. Dabei ist egal, ob er gerechtfertigt, plausibel, logisch oder praxisnah ist: Irgendjemand wird dagegen sein, warum auch immer. Wenn aber mit Widerspruch zu rechnen ist, wie geht man damit um?

Ist Widerspruch grundsätzlich zugelassen, lässt er sich einfacher ignorieren – wie in Demokratien leicht zu beobachten. Bei täglich mehreren Demonstrationen ist einsichtig, dass nicht auf jede reagiert werden kann und mithin auch nicht braucht. Wer zudem grundsätzlich nur 'Nein' sagt läuft Gefahr, zum Querulanten gestempelt und gänzlich unbeachtet zu bleiben. Wird allerdings der Anspruch erhoben, 'bessere' Entscheidungen zu treffen, wird jeder Widerspruch gefährlich. Er kann nicht ignoriert werden, wird doch mit seiner Artikulation deutlich, dass es 'andere' Entscheidungen geben könnte und die Frage wird legitim, ob diese nicht 'noch besser' sein könnten. Man läuft also im Zweifel wieder auf das gleiche 'Problem' auf, dass Entscheidungen gerechtfertigt werden müssen, nur dass dies schwerer fällt, da der Prozess der Entscheidungsfindung nicht mehr so öffentlich abläuft und damit zusätzlich Fragen nach den Gründen der Entscheidungen aufkommen können.

Ein Beispiel für diese Problematik kann Polen bieten, in dem auch unter kommunistischer Herrschaft ein gewisser Pluralismus zugelassen wurde. Neben der Vereinigten Arbeiterpartei existierten sogenannte 'Blockparteien', die die Dominanz der Staatspartei und den Sozialismus als Staatsform nicht in Frage stellten. Das Parteiensystem fungierte der Ideologie zu Folge nach „der Ausschaltung der anti-sozialistischen Opposition" nicht mehr als Ort des Kampfes um Macht, sondern als System der Artikulation und Repräsentation von Interessen und Meinungen verschiedener Segmente der Gesellschaft (Wiatr 1966: 23). Der Druck, der von den verschiedenen Gruppierungen ausgeübt wurde, sollte aber nicht öffentlich, sondern nur in geschlossenen Zirkeln diskutiert werden (Wiatr 1966: 23f.). Ziel dieser 'dosierten' Zulassens von Pluralismus war es, die Positionen der unterschiedlichen gesellschaftlichen Gruppierungen miteinander abzustimmen, um zu Entscheidungen

zu gelangen, die von möglichst breiten Teilen der Gesellschaft mit-
getragen werden konnten. Öffentlich werden durften diese Debat-
ten jedoch nicht, erhob die Staatspartei doch den Anspruch, einzig
richtige Entscheidungen zu treffen. Dafür musste nach außen Ge-
schlossenheit dargestellt werden, damit das Bild der immer Recht
habenden und mithin allwissend erscheinenden Partei nicht in
Zweifel gezogen werden konnte.

Auch im sozialistischen Polen wurde mithin das Problem gesehen, dass Entscheidungen auf Annahmebereitschaft treffen müssen. In Demokratien kann diese Bereitschaft an Hand der Beobachtung der gesamten Öffentlichkeit abgeschätzt werden, im sozialistischen Polen konnte dagegen nur eine kleine Gruppe von dem
Staat verbundenen Funktionären beobachten werden. Deren Artikulation und Repräsentation der Interessen und Meinungen verschiedener Segmente der Gesellschaft deckte sich aber offenbar
nicht immer mit der Realität.

Fazit

Die hier vertretene These war, dass die Funktion von Protest
darin gesehen werden kann zu irritieren, also auf gesellschaftliche
Probleme aufmerksam zu machen und daher von der Politik dazu
genutzt werden *kann*, die Annahmebereitschaft von Entscheidungen abzuschätzen, ohne dabei zwingend auf eine kleine Gruppe
privilegierter Funktionäre angewiesen zu sein. So problematisch
einige der Punkte, die von Kritikern der Demokratie als Regierungsform vorgebracht werden, auch sein mögen: Diese scheinba-
ren Nachteile werden dadurch aufgewogen, dass es möglich bleibt,
öffentlich 'Nein' zu sagen. Dieses 'Nein' mag in Demokratien auf
den ersten Blick folgenlos bleiben, aber dass es überhaupt geäußert
werden kann, ist ein Gewinn. In Demokratien kann so beobachtet
werden, wenn Kommunikationen des 'Nein' zunehmen und im
Zweifel kann darauf reagiert werden. Autokratische Staaten dagegen bewegen sich vergleichsweise blind und versuchen, Informationen über die Stimmung der Gesellschaft auf anderem Wege zu

gewinnen. Diese anderen Wege benötigen aber deutlich mehr Ressourcen und bringen weniger Ergebnisse, so dass autokratische Regime von einer plötzlichen starken Zunahme von Widerspruch überrascht werden können – und „[e]s sind typisch minimale Ereignisse, die Revolutionen auslösen können" (Luhmann 2002: 48).

Literatur

Hamm, Walter (2011): Raubbau an der Infrastruktur. Frankfurter Allgemeine Zeitung, 11.11.2011, S. 11.

Hollersen, Wiebke (2010): Proteste: Gut gegen Gut. DER SPIEGEL, Nr. 3/2010, S. 40-43.

Kaase, Max (1995): Partizipation. In: Wörterbuch Staat und Politik. Hrsg. von Dieter Nohlen. Bonn: Bundeszentrale für politische Bildung, S. 521-527.

Luhmann, Niklas (1989): Theorie der politischen Opposition. In: Zeitschrift für Politik 36.1, S. 13-26.

Luhmann, Niklas (2002): Die Politik der Gesellschaft. Frankfurt a.M.: Suhrkamp.

Luhmann, Niklas (2003): Soziologie des Risikos. [zuerst 1991]. Berlin, New York: de Gruyter.

Meyer, John W. et al. (1997): World Society and the Nation-State. In: American Journal of Sociology 103.1, S. 144-181.

Münkler, Herfried (2010): Lahme Dame Demokratie – Kann der Verfassungsstaat im Systemwettbewerb noch bestehen? In: Internationale Politik 3, S. 10-17.

Tilly, Charles (2007): Democracy. Cambridge: Cambridge University Press.

Virgl, Christoph J. (2011): Protest in der Weltgesellschaft. Wiesbaden: VS Verlag.

Wiatr, Jerzy J. (1966): Elements of the Pluralism in the Polish Political System. In: The Polish Sociological Bulletin 13.1, S. 19-26.

„Protest" ohne Öffentlichkeit? – Zur Möglichkeit demokratischer Transformation jenseits „demokratischer" Institutionen

Benjamin Möller

Einleitung

Unter dem Begriff `Protest` verstehen wir im Allgemeinen öffentliche Äußerungen, die in verschiedensten Formen zumeist kritisch als Reaktion auf vorgängige Ereignisse, Zustände oder Entscheidungen artikuliert werden. Dieses Verständnis von Protest beinhaltet, dass ein wesentliches Merkmal solcher Artikulationen im Einfordern eines Mitspracherechtes besteht. Protest ist somit eine Artikulation politischer Subjektivität; er ist der Ausdruck einer Haltung die verlangt gehört zu werden. Protest ist somit auch, unabhängig von seinem jeweiligen Inhalt, ein Ausdruck eines aktiv-demokratischen Selbstverständnisses und bürgerschaftlichen Engagements für die Gestaltung des kollektiven Lebens einer Gesellschaft.

Ein weiteres wesentliches Merkmal von Prostest ist jedoch dessen Unkonventionalität, also die Tatsache, dass er nicht in institutionalisierte Prozesse eingebunden ist. Im Unterschied zur politischen Partizipation durch konventionelle Instrumente wie Wahlen, ist mit Protest – zumindest offiziell – keinerlei zwingende Macht verbunden.

So verwundert es auch wenig, dass Protest in der Praxis häufig verpufft: er wird ignoriert, kleingeredet und umarmt, und prallt nicht zuletzt an den metaphorischen Mauern der offiziellen Institutionen ab. Zwar gibt es auch erfolgreiche Proteste, die es schaffen ihre Forderungen durchzusetzen, aber generell lässt sich Protest doch als ein politisches Instrument begreifen, das eher auf die Forderung nach Mitbestimmung aufmerksam macht als tatsächlich politische Ziele gegenüber den Institutionen des Staates zu erreichen. Protest als einem politischen Handlungsmodus fehlt es also hinsichtlich der tatsächlichen Durchsetzungsfähigkeit an Wirksamkeit – in erster Linie da der Adressat des Protestes (Staaten, Unternehmen, sonstige Institutionen) keineswegs gezwungen ist, auf diesen zu reagieren.

Die mangelnde Durchschlagskraft von Protesten verschärft sich noch sobald wir den Blick auf die transnationale Ebene lenken, wo nicht einmal ein entscheidungsfähiger Adressat für Protest, geschweige denn konventioneller Partizipation, vorhanden ist (Fraser 2007: 238). James Tully (2009: 1-2) formuliert dieses Problem der Effektivität demokratischer Mitbestimmung mit Blick auf globale Herausforderungen wie Klimawandel, Armut und (Neo-)Imperialismus folgendermaßen:

> „[C]itizens are unable to exercise effectively their civic 'response abilities' in response to major global problems. […]. When global citizens try to exercise their citizen abilities in response to these problems they find that the dominant forms of citizenship available to them are not very effective. The official institutions and channels of citizenship are limited. Moreover, the limits shield from public engagement the very processes and institutions that partly cause the global problems. These limits lead to [another] global problem, the crisis of global citizenship, and hence to the global protests by concerned yet incapacitated citizens."

Tully umreißt das Problem damit sehr klar: Es geht weniger um fehlende *response-abilities* – also die Möglichkeit von Bürgern auf Entscheidungen und Prozesse zu reagieren, denn diese ist durch Protest, durch die Artikulation von Dissens, jederzeit gegeben. Vielmehr gibt es ein Problem hinsichtlich der *Effektivität* dieser Fähigkeit zur Mitautorenschaft – sowohl national, da laut Tully der demokratische Zugriff auf bestimmte Bereiche bereits durch das institutionelle Design westlicher Gesellschaften ausgeschlossen ist, als auch transnational, da es hier generell an Adressaten für effektive Mitbestimmung mangelt. Dieser Diagnose folgend lässt sich festhalten: In wesentlichen Belangen der politischen Selbstbestimmung ist der politische Bürger politisch ohnmächtig. Wir stehen vor einem bürgerschaftlichen Dilemma. Was bleibt ist die Möglichkeit des Protestes, dem aber die Macht zur effektiven Einflussnahme auf offizielle Institutionen fehlt.

Als Beispiel sei hier die „99%-Bewegung" oder „Occupy-Bewegung" angeführt. Sie kann grob als der Versuch beschrieben werden, die bürgerschaftliche response-ability in Bezug auf die Finanz-, Banken- und Euro-Krise, und damit im transnationalen Kontext, auszuüben (Brown 2011). Der Protest richtet sich an die öffentlichen Institutionen um Mitautorenschaft zu verlangen – dabei wird vor allem die 'unpolitische' Sachzwang-Politik und der direkte Einfluss der Finanzindustrie auf politische Entscheidungen kritisiert. Der Protest reagiert also auf ein Regiert-werden durch illegitime Strukturen, die noch dazu einer undemokratischen Handlungslogik folgen. Anstatt dass der Finanzmarkt demokratisch kontrolliert wird, scheint es als ob die Logik des Finanzmarkts die Demokratie kontrolliert.

Aber wie sieht es mit der Effektivität eines solchen Protestes aus – was vermag er zu erreichen? Abgesehen davon, dass die 'Bewegung' trotz globaler Verbreitung nicht besonders groß ist, scheint auch die Durchschlagskraft hinsichtlich der öffentlichen Institutionen begrenzt zu sein. Mit Tully könnten wir sagen, dass sich der Protest an den Grenzen bürgerschaftlicher Mitbestimmung befindet und an diese stößt – es wird demokratischer Einfluss für Sachgebiete verlangt, die im Konzept moderner Bürgerschaft selbst als demokratisch unverfügbare Sphären negativer Rechte angelegt sind.

Nun ließe sich aus dieser mangelnden Wirksamkeit von Protest die Forderung ableiten, dass die demokratischen Institutionen, um wirklich demokratisch zu sein, dahingehend verändert werden müssten, dass ihre Responsivität für Protest erhöht wird; dass also Protesten mehr Gehör entgegengebracht werden sollte. So richtig diese Forderung aus normativer Sicht sein mag – so paradox ist sie. Denn es ist ja gerade das Gehörtwerden, die effektivere Mitbestimmung, die bei den Bankenprotesten gefordert wird. Das Problem der Effektivität ließe sich zwar mit demokratischeren Institutionen lösen, nicht aber mit der *Forderung* nach demokratischen Institutionen.

Nicht zuletzt wird in der medialen Aufbereitung dieser Proteste oft bemängelt, dass von Seiten der 'Besetzer' keine Gegenprogramme, oder überhaupt nur wenig *inhaltliche* Forderungen formuliert werden. Besonders das Fehlen eines solchen Gegenprogramms – konkrete Vorschläge zur Veränderung der öffentlichen Landschaft – scheint die Proteste in den Augen vieler Kritiker zu disqualifizieren. Die Rede ist von schwammigem Unmut oder unartikulierter und diffuser Kapitalismus-Schelte. So kommentiert Anton Notz (2012) in der Financial Times Deutschland: „Inhaltlich zu diffus, organisatorisch zu sehr mit sich selbst beschäftigt, politisch zu schwach - deshalb konnten die Occupy-Aktivisten nie den Einfluss gewinnen, den sie beanspruchten". Bei Spiegel-Online schreibt Wolfgang Kraushaar (2011): „Der Protest muss politischer werden, wenn er Aussicht auf Erfolg haben will. Das Banken- und Finanzsystem ist zunehmend abstrakter geworden. Eine der größten Herausforderungen besteht deshalb darin, sich nicht verrückt machen zu lassen und reaktiv seine Abschaffung zu fordern, sondern die einzelnen Punkte der Kritik ins Politische zu übersetzen und möglichst konkrete Ziele zu formulieren."

Das Problem der Occupy-Bewegegung, wie auch vieler anderer Proteste, scheint also in der mangelnden Effektivität ihrer response-abilities zu liegen. Nicht nur entzieht sich das Finanzsystem der demokratischen Regulierung und Kontrolle, noch dazu wird die Artikulation der Protestierenden als unzureichend abgetan. Ohne nun infrage stellen zu wollen, dass bei einer massiven Verbreitung dieser Protestbewegung durchaus ein effektives Potential entfesselt werden könnte, möchte ich doch im Folgenden eine Perspektive auf derartigen Protest vorschlagen, die uns erlaubt die Effektivität von Protest und Mitautorenschaft anders zu betrachten, als im Sinne vom Erfolg im Verändern der öffentlichen Institutionen oder der Gesetzgebung.

Positiv gewendet heißt das: Ich schlage vor, die Praxis des Protests selbst als effektive demokratische Mitautorenschaft zu verstehen – dass heißt, ich schlage vor einen anderen Maßstab für die Messung der Effektivität von Protest anzulegen und, im Anschluss an Celikates (2010: 290), Protest und zivilen Ungehorsam „als Ausdruck der demokratischen Praxis kollektiver Selbstbestimmung" zu verstehen, „und zwar in dem Sinn, dass diese Form des politischen Handelns […] Betroffenen auch dann eine Möglichkeit des Einspruchs eröffnet, wenn – wie es unter postdemokratischen Bedingungen häufig der Fall ist – ihnen die »normalen« institutionellen Wege verschlossen sind oder diese ihren Widerspruch nicht effektiv übertragen." Dies wird im folgenden dadurch geschehen, dass ich im Werk Hannah Arendts einen Begriff des Politischen rekonstruiere, der uns erlaubt, das Politische als ein relationales Moment zu erkennen, das in der Praxis selbst implizit ist. Anhand eines solchen Begriffes des Politischen können wir demokratische Mitautorenschaft in einer Weise denken, die nicht der Vermittlung durch die demokratisch-öffentlichen Institutionen bedarf. Am bereits angerissenen Beispiel der Occupy-Bewegung werde ich dann versuchen, den von Arendt gewonnenen Begriff des Politischen anzuwenden, um zu zeigen, dass exakt das, was in der medialen Aufbereitung als die größte Schwäche des Protestes gilt – die mangelnde Artikulation, tatsächlich dessen größte Stärke, dessen größte *response-ability* ist.

Abschließend möchte ich zurückkommen auf James Tully, da ich denke, dass sein Konzept des *co-operative citizenship* den von mir unternommenen Versuch unterstreicht, indem es eine Dimension demokratischer Mitautorenschaft erschließt, die in den direkten Beziehungen von Bürgern untereinander begründet liegt, und somit eine ethische Komponente politischen Handelns rehabilitiert. Letztlich, soviel sei vorweg gesagt, läuft diese Argumentation darauf hinaus, unser Verständnis des Politischen zu erweitern, um damit die Effektivität von Protest, Mitautorenschaft und demokratischer Teilhabe in einem anderen Licht betrachten zu können.

Arendt und das Politische

Fraglos ist für Arendt Politik eng mit ihrer Vorstellung vom Handeln als einer eigentümlichen Aktivität verknüpft. Oft scheint es in der Arendt-Rezeption sogar so, dass Politik und Handeln identisch sind (Bedorf 2010). Ich denke jedoch, dass wir hier klar unterscheiden müssen. Handeln ist ein spezieller Modus der Aktivität; Handeln erschließt und verwirklicht das unwahrscheinliche, unvorhersehbare; es verändert das Gewebe menschlicher Angelegenheiten (Arendt 2007: 226). Was Handeln nun von Arbeit und Herstellen wesentlich unterscheidet, ist, dass es in einem speziellen Modus menschlicher Beziehung stattfindet. Während sich Arbeit im bloßen natürlichen Zusammensein, im Zusammen*leben*, erschöpft (Arendt 2007: 34-35), und Herstellen auf die Bedingungen des Seins in einer objektiven Welt verweist (Arendt 2007: 191), ist Handeln verknüpft mit zweck- und ziellosem Mit-Sein (Arendt 2007: 220).

Dieses Mit-Sein ist nun der Schlüssel um den Zusammenhang von Politik und Handeln zu erschließen. Denn Mit-Sein verweist auf die unzweifelhafte Bedeutung von *Relationalität* im Handeln (Preuß 1994: 17). Handeln eröffnet Mit-Sein – einen Modus gegenseitigen Erscheinens basierend auf reziproker Anerkennung Gleicher. Während Arbeit und Herstellen die Zuwendung zu Objekten verlangt, zur Notwendigkeit des Lebens oder der Dingwelt, ist Handeln die einzige Aktivität, die rein intersubjektiv ist, also in der Zuwendung zum Anderen als *Subjekt* besteht (nicht als animal laborans oder homo faber) (Arendt 2007: 224).

Die Zuwendung, die dem Handeln inhärent ist, ist genau der Moment, der einen *Erscheinungsraum* erschließt – einen öffentlichen Raum, in dem Menschen als Handelnde auftreten:

> „Ein Erscheinungsraum entsteht, wo immer Menschen handelnd und sprechend miteinander umgehen; als solcher liegt er vor allen Staatsgründungen und Staatsformen […]. Er liegt in jeder Ansammlung von Menschen potentiell vor, aber eben nur potentiell; er ist in ihr weder notwendigerweise aktualisiert, noch für immer oder auch nur eine bestimmte Zeitspanne gesichert." (Arendt 2007: 251)

Und es ist genau dieses *relationale* Moment – das Erschließen des Erscheinungsraumes durch Zuwendung –, welches ich als *das Politische* im Denken Arendts identifiziere. Die politische Qualität des relationalen Momentes liegt darin, dass es zwischen den Beteiligten das Potential für eine gemeinsame Welt erschließt – eine Öffentlichkeit (Arendt 2007: 238, 252). Dieses Potential ist entscheidend. Es bedarf nicht der vorgängigen Institutionalisierung. Das Politische, als ein Moment im Handeln, bedarf lediglich der Realisierung aus dem Zusammenleben heraus.

Dabei reden wir noch nicht über Politik – das Politische ist zunächst einmal Substanzlos, es ist nichts weiter als eben die Erschließung eines Beziehungsmodus. Politisch ist das Politische jedoch, weil genau in diesem Beziehungsmodus erst Politik möglich ist. Das Politische erschließt einen Raum der Gemeinsamkeit – einen öffentlichen Raum – es assoziiert die Beteiligten und setzt sie in Beziehungen der Gleichheit, der Isonomie (Arendt 2011: 36). In diesem Raum ist das Potential für Macht geborgen, dass in Arendts idiosynkratischem Sinn im Zusammen*handeln* besteht. Politik ist dann der Gebrauch dieser Macht – Politik ist der performative Teil einer Handlung insofern sie auf Zusammenhandeln abzielt. Damit ist Politik auf das Erschaffen einer gemeinsamen Welt gerichtet – oder vielmehr auf das Formen einer gemeinsamen Welt die durch das Politische erst erschlossen wurde.

In diesem Sinne sind Handeln und das Politische nicht identisch – das Politische ist ein relationales Moment in einer Handlung; es ist die Zuwendung zueinander die das Erscheinen erst ermöglicht. Es ist somit zwar nicht der Handlung vorgängig – das Zuwenden ist Teil der Handlung – aber durch die Isolierung des Politischen als des relationalen Momentes einer Handlung gewinnen wir etwas Entscheidendes: Die Trennung des Politischen und der Politik. Gemäß der bisherigen Darstellung ist das Politische der Politik vorgängig. Das Politische bereitet sozusagen den Raum für Politik – für den Gebrauch von Macht. Ich will versuchen dies am Beispiel der Occupy-Bewegung zu illustrieren.

In diesem Falle liegt das Politische in jenem Moment des Zu-sammenfindens, in der Assoziation – dem Herstellen einer *inneren* Öffentlichkeit. Politik ist dann das, was in diesem Raum geschieht. Es ist der Vollzug von gemeinsamen Handlungen – also die Praxis des Protestes, die Artikulation von Kritik und Gegenvorschlägen. Aber auch, und das ist wichtig, die *innere* Organisation und Koor-dination – das Aufstellen normativer Ordnungen in den Camps, das Regulieren von Redebeiträgen, Putzplänen, Handzeichen in Diskussionen, etc.

Mein Argument ist nun, dass unabhängig von all diesen parti-kularen Praktiken – die alle irgendwie beurteilt werden können: z.B. als richtig oder falsch, effektiv oder überflüssig – im vorgängi-gen Politischen ein normatives Moment liegt, das für die Beurtei-lung des Protestes von enormer Bedeutung ist: Das Zuwenden zu-einander, das Erschaffen eines Erscheinungsraumes, die reziproke Erlaubnis des Erscheinens, ist meines Erachtens ein wichtiges Kri-terium für die Beurteilung der Effektivität des Protestes. Denn während nach *außen* hin Demokratie *gefordert* wird – vornehmlich die Forderung nach Mitautorenschaft hinsichtlich der Finanzmärk-te –, ist das *Schaffen* des *inneren* demokratischen Raumes die eigent-liche Errungenschaft des Protestes. Demokratie wird im Inneren nicht *eingefordert*, sondern *praktiziert*. Dies ist die zentrale Bedeu-tung des Politischen – die Zuwendung zueinander im Modus der Gleichheit.

Das bedeutet nicht die Relevanz der eigentlichen politischen Praxis in Abrede zu stellen, im Gegenteil. Ich möchte hier jedoch jedoch betonen, dass der Boden, auf dem diese Praktiken stattfin-den, durch das Politische bereits normativ aufgeladen ist. Das Poli-tische erlaubt den Vollzug demokratischer Praxis im Inneren, d.h. in den Beziehungen der Beteiligten untereinander – im Gegensatz zu demokratischen Beziehungen zu den offiziellen Institutionen.

Wir werden hierauf zurückkommen. Zuvor möchte ich jedoch anhand der Theorie von James Tully unterstreichen, wie wir dies Politische und dessen Politik als ethische Praxis verstehen sollten. Dies erlaubt uns, so behaupte ich, für Proteste wie die Occupy-

Bewegung hinsichtlich ihrer Effektivität andere Maßstäbe anzulegen.

Tully und cooperative citizenship

Ich denke, dass Tully versucht, die Relevanz von Ethik, vom guten Leben, im Bereich politischen Handelns zu rehabilitieren. Dabei muss vorweg geschickt werden, dass es ihm keinesfalls um eine bestimmte Konzeption guten Lebens geht. Jedoch bricht Tully mit der weit verbreiteten liberalen Vorstellung, dass nämlich das gute Leben lediglich von privater Bedeutung ist.

Wie bereits eingangs erwähnt, erkennt Tully ein Problem der Unwirksamkeit demokratischer Aktivität von Bürgern. Diese Unwirksamkeit, besonders hinsichtlich globaler Probleme, führt er auf das institutionelle Gefüge moderner westlicher Demokratien zurück – laut Tully ist die *Unverfügbarkeit* der Wirtschaftsordnung, aber auch von Geo- oder Klimapolitik, bereits im liberalen Konzept der Bürgerschaft eingebettet (Tully 2009: 1).

Das zentrale Element moderner Bürgerschaft ist die Trennung von Öffentlichkeit und Privatheit von einer gemeinsamen Ordnung und dem individuellen guten Leben. Dies bedeutet, dass die bürgerschaftliche Aktivität so verstanden wird, dass sie zur offiziellen öffentlichen Sphäre hin gerichtet ist – der politische Bürger definiert sich durch seine Beziehung zum Staat (Tully 2008: 250-253). Aber in dieser Beziehung sind dem politischen Potential klare Grenzen gesetzt – und das bedeutet, die Effektivität und Reichweite der Mitautorenschaft ist von vornherein eingeschränkt.

Nun kontrastiert Tully dieses Konzept liberaler Bürgerschaft mit einer Alternative, die die Effektivität von Mitautorenschaft anders lokalisiert. Es geht dann nicht mehr um die Wirksamkeit hinsichtlich der Veränderung öffentlicher Institutionen – oder nicht primär darum. Vielmehr rückt Tully die direkten Beziehungen der Bürger untereinander ins Zentrum der Aufmerksamkeit. *Cooperativecitizenship* nennt Tully dieses alternative Verständnis von Bürgerschaft – es ist nicht der Vorschlag die Institution Bürgerschaft zu verändern, sondern es ist eine andere Perspektive auf das politische Potential von Bürgern. In diesem Konzept versteht Tully bürgerschaftliche Praxis als eine Praxis der Reflexivität – als ein Infragestellen des Alltäglichen und Normalen und des Regiert-Werdens, ein Unterbrechen der Genannten also (Tully 2008: 280).

Die veränderte Verortung der Effektivität liegt jedoch darin begründet, dass Tully in seinem Verständnis von Bürgerschaft hervorhebt, dass die reflexive Praxis selbst, unabhängig von ihrer Gerichtetheit auf offizielle Institutionen, ein transformatives Potential besitzt. Es geht also, wie bereits bei Arendt, um die Bedeutung des Innen einer demokratischen Vereinigung, um die Beziehungen die dort etabliert werden. So hält Tully fest:

> „[…] cooperative citizens simply re-appropriate the capacities that they were exercising in the governance relationship that they find unjustifiable and they exercise these capacities themselves in their own organisations. That is, they exercise some of their powers of popular sovereignty directly rather than delegating them to a private corporation or public ministry that exercises them in a way that harms public goods and evades democratic control." (Tully 2009: 21).

Natürlich geht es bei dieser Wieder-Aneignung von Macht zunächst nur um Veränderungen im Kleinen. Die großen Institutionen geraten so nicht aus dem Gefüge. Es gilt jedoch zu bedenken: die Praxis der Selbstorganisation, die Rückgewinnung demokratischer Selbstbestimmung, beherbergt eine starke ethische Komponente. Diese ethische Komponente besteht in erster Linie darin, dass von einer Einheit von Zweck und Mitteln ausgegangen wird; dass also Demokratie ausschließlich mit demokratischen Mitteln, Frieden nur mit friedlichen Mitteln zu erreichen ist. So schreibt Tully: „one should embody the change in one's everyday relationships that one wishes to see in the larger society and argues for in the public sphere" (Tully 2009: 23).

Nach Tully erschöpft sich *cooperative-citizenship* nicht in der öffentlichen Artikulation, sondern es erstreckt sich auch auf den Bereich des guten Lebens. Wer öffentlich Demokratie einfordert – wessen Ziel also Demokratisierung ist – der sollte in erster Linie sein Verhalten von demokratischen Prinzipien leiten lassen. Dies gilt natürlich umso mehr für die eben angesprochenen Aneignungen demokratischer Selbstregierung. Während die offiziellen Institutionen ein Demokratiedefizit vorweisen, muss es in diesen selbstorganisierten Vereinigungen um die Realisierung von Demokratie mit demokratischen Mitteln gehen. Und nach Tully realisieren wir Demokratie, Frieden, Umweltbewusstsein etc. weniger durch die Vermittlung an die offiziellen Instanzen, sondern in unserem tatsächlichen Handeln: „As a direct result of this ethical norm of enacting the change in one's everyday activities, cooperative citizens begin to bring the other world of change into being here and now, step by ethical step. They do not wait for modern governments or revolutionary parties to change the world" (Tully 2009: 24).

Wie wir hier sehen, besteht *cooperative-citizenship* also aus zwei zusammenhängenden Elementen. Erstens geht es um ein Selbstverständnis von Bürgerschaft im Sinne von Selbstregierung – also um den Verzicht auf eine vermittelnde Instanz wie den Staat. Und zweitens geht es um *Selbst*regierung im Sinne der Regierung des Selbst – um die permanente performative Bestätigung ethischer Prinzipien im individuellen und kollektiven Handeln.

Dabei ist zu beachten, dass wir es nicht primär mit einer normativen Forderung Tullys zu tun haben. Vielmehr eröffnet er eine Perspektive auf das Verständnis politischen Handelns, auf die Verortung von politischer Aktivität. Es geht darum, das begrenzte liberale Verständnis von bürgerschaftlicher Aktivität aufzubrechen und zu erkennen, dass das Politische auch andernorts als in den öffentlichen Institutionen beheimatet ist. Dies führt letztlich dazu, in den direkten Beziehungen von Bürgern untereinander potentielle *response-abilites* zu erkennen (Tully 2008: 274).

Zur Effektivität von Protest

Damit möchte ich mich abschließend erneut dem Beispiel der Occupy-Bewegung zuwenden. Zur Erinnerung: Die Frage, die zur

Debatte steht, ist, wie wir die Effektivität von Protest beurteilen können. Mit Hannah Arendt haben wir gesehen, dass das Politische primär als ein aktives Zuwenden von Handelnden zueinanderverstanden werden kann. Dieses Zuwenden erschafft einen politischen Raum, der das Erscheinen erlaubt – einen öffentlichen Raum, der nichts mit den legalen Institutionen eines Staates zu tun haben muss. Das Politische ist somit ein Beziehungsmodus, in welchem Macht erzeugt werden und Politik stattfinden kann. Bedeutsam ist daran für diese Untersuchung, dass das Politische keiner vermittelnden Instanz bedarf, keiner Gerichtetheit zu einer übergreifenden Institution. Das Politische ist die praktische Realisierung demokratischer Räume in direkten Beziehungen.

Ich habe versucht dies anhand der Theorie von James Tully zu unterstreichen. Tullys Vorschlag eines modifizierten Verständnisses bürgerschaftlicher Aktivität erlaubt uns im Arendt'schen Politischen eine *ethische* Dimension zu identifizieren. Denn wenn wir politisches Potential schon in direkten Beziehungen verorten, dann ist das tatsächliche Verhalten in diesen Beziehungen – die ethischen Prinzipien von Handlungen – auch von politischer Bedeutung. Was bedeutet dies nun für die Beurteilung der Effektivität von Protesten und Bewegungen? Ich denke, was wir mit Hilfe von Arendt und Tully sehen können, ist Folgendes:

Während wir es gewohnt sind politische Effektivität im Verändern der bestehenden Institutionen zu suchen, eröffnen uns die untersuchten Theorien die Möglichkeit abseits dieser institutionellen Vermittlung das Erschaffen kollektiver Welten zu entdecken. Die Wirkung ist dann nicht in der Durchsetzungskraft hinsichtlich der Gesetzgebung zu suchen, sondern in dem, was innerhalb des Protestes geschieht – in der Selbstorganisation, der Wieder-Aneignung politischer Selbstbestimmung.

So wichtig die protestierende öffentliche Artikulation auch ist – angesichts ihrer begrenzten Wirksamkeit ist sie nicht ausreichend. Deshalb ist die Occupy-Bewegung so beeindruckend. Während ihr vorgeworfen wird sich nicht klar zu artikulieren, gibt sie durch Selbstorganisation, Vollversammlungen und offene Foren ein Beispiel für tatsächliche Demokratie – mehr noch, sie realisiert Demokratie in ihren Camps, sie schafft demokratische Tatsachen. Im Inneren des Protestes wird somit das erzeugt, was nach außen hin gefordert wird.

Hinsichtlich der Effektivität dieses Protestes ist dabei der wohl wichtigste Punkt, dass diese erlebte und gelebte Demokratie veränderte demokratische Subjekte hinterlässt. Es findet eine Transformation im Selbstverständnis der eigenen Bürgerschaft statt, welche das eigene politische Potential nicht primär in der Beziehung zum Staat und seinen Institutionen erkennt, sondern in den direkten Beziehungen zu Mit-Bürgern.

Nun wird entgegnet werden, dass in diesen Mikrodemokratien im Ausnahmezustand nichts weiter erreicht wird – die Bewegung löst sich auf, die Protestierenden gehen wieder ihrem Alltagsgeschäft nach und die gesellschaftlichen Strukturen bleiben wie sie waren. Zugegeben, auch wenn die Occupy Camps auf der ganzen Welt für erstaunlich lange Zeiträume bestanden, an der Finanzpolitik und den ökonomischen Strukturen werden sie nichts Wesentliches verändern. Aber genau das ist ja der Punkt, auf den ich hinaus möchte. Wenn die Proteste nichts an der großen gesellschaftlichen Ordnung verändern können, und wir die Effektivität von Protest an diesem Maßstab messen, dann muss diese Bewegung, wie auch die meisten anderen, als gescheitert beurteilt werden.

Wenn wir aber die politische Relevanz der ethischen Dimension des Innenraumes des Protestes anerkennen – die Tatsache, dass der Protest realisierte Demokratie und veränderte, selbstbewusste Bürger hinterlässt, die ihr demokratisches Verhalten auch weitertragen – an den Arbeitsplatz, die Schulen, in den Supermarkt –, dann sehen wir das tatsächlich Veränderung stattfindet. Wir werden nur nie in der Lage sein sie zu sehen, wenn wir ausschließlich auf die staatlichen Institutionen und ihre Gesetzgebung schauen.

Während Occupy die Spielregeln der globalen Finanzwirtschaft also kaum zu verändern vermag und in diesem Sinne gemeinhin als gescheitertes Projekt beurteilt wird, hat der Protest doch insofern eine Wirkung, als er eine Erfahrung der Wieder-Aneignung von politischer Selbstbestimmung ist, ein Realisieren der eigenen *response-abilities* jenseits der offiziell zugestandenen Rechte demokratischer Partizipation.

Literatur

Arendt, Hannah (2007): Vita activa oder Vom tätigen Leben, München: Piper.

Arendt, Hannah (2011): Über die Revolution, München: Piper.

Bedorf, Thomas (2010): Das Politische und die Politik - Konturen einer Differenz, in: Bedorf, Thomas (Hg.) (2010): Das Politische und die Politik,Berlin: Suhrkamp.

Brown, Wendy (2011): Occupy Wall Street: Return of a Repressed *Res-Publica*, in: Theory & Event 14.

Celikates, Robin (2010): Ziviler Ungehorsam und radikale Demokratie. Konstituierende vs. konstitutierte Macht?, in: Bedorf, Thomas (Hg.) (2010): Das Politische und die Politik, Berlin: Suhrkamp.

Fraser, Nancy (2007): Die Transnationalisierung der Öffentlichkeit. Legitimität und Effektivität der öffentlichen Meinung in einer postwestfälischen Welt, in: Niesen, Peter (Hg.) (2007): Anarchie der kommunikativen Freiheit. Jürgen Habermas und die Theorie der internationalen Politik,Frankfurt a. M: Suhrkamp.

Kraushaar, Wolfgang (20.10.2011): Protestieren will gelernt sein, in: http://www.spiegel.de/politik/deutschland/anti-banken-bewegung-protestieren-will-gelernt-sein-a-792507.html, letzer Zugriff: 20.10.2012.

Notz, Anton (15.08.2012): Occupy ist klinisch tot, in: http://www.ftd.de/politik/international/:ende-einer-protestbewegung-occupy-ist-klinisch-tot/70077077.html, letzter Zugriff: 20.10.2012.

Preuß, Ulrich K. (1994): Einleitung: Der Begriff der Verfassung und ihre Beziehung zur Politik, in: Preuß, Ulrich K. (Hg.) (1994): Zum Begriff der Verfassung. Die Ordnung des Politischen,Frankfurt a. M.: Fischer.

Tully, James (2008): Public Philosophy in a New Key. Vol. 2. Imperialism and Civic Freedom. Cambridge/New York: Cambridge University Press.

Tully, James (2009): The Crisis of Global Citizenship, in: Radical Politics Today, June 2009, online verfügbar: http://www.spaceofdemocracy.org/word%20docs%20linked%20to/Uploade d%202009/Tully/The_Crisis_of_Global_Citizenship_James_Tully.pdf.

Führt jede Revolution zur Demokratie? Theoretische Überlegungen zum Verhältnis von Protest und gesellschaftlichem Wandel

Felix Petersen

Eine Wiederentdeckung politischen Protests?

Politischer Protest ist in den vergangenen Jahren, initiiert durch politische Ereignisse, als Handlungsform wieder mehr in den Fokus der öffentlichen Meinung (z.b. Hessel 2011a, 2011b) sowie des sozialwissenschaftlichen Diskurses geraten (z.b. APUZ 2012, BJS 2011). Zwei Jahrzehnte sind seit den letzten großen politischen und gesellschaftlichen Umwälzungen vergangen, Schauplatz der „Demokratisierungsbewegungen" von 1989 waren die ehemalige Sowjetunion und die Staaten des Warschauer Pakts. Seit 2010 sind es autoritär organisierte Gesellschaften der „arabischen Welt" (z.b. Ägypten, Tunesien, Bahrain, Syrien), die von starken politischen Protesten heimgesucht werden (APUZ 2011; Korotayev/Zinkina 2010). In Ägypten und Tunesien konnten diese Bewegungen erste Teilerfolge erringen: die alten Machthaber sind aus den Ämtern gejagt, repräsentative Institutionen sind eingerichtet, Wahlen zu politischen Ämtern haben stattgefunden, Verfassungsgebungsprozesse haben ihren Anfang genommen. Trotzdem finden auch Ende 2012 weiterhin Demonstrationen statt und die Konflikte sind nicht alle beigelegt, jedoch scheint ein gesellschaftlicher Transformationsprozess hier seinen Anfang zu nehmen. In Bahrain, Syrien oder im Iran waren die Revolutionäre weniger erfolgreich. Die autoritäre Staatsgewalt war in diesen Fällen in der Lage den Wunsch nach gesellschaftlicher Veränderung zu unterdrücken (Bahrain und Iran), oder die Proteste haben sich zu einem Bürgerkrieg ausgeweitet (Syrien). Allerdings sind es nicht nur große Protestereignisse, die das Gefühl eines Wiedererstarkens politischen und sozialen Protests unterstützen: England ist im August 2011 von den stärksten sozialen Unruhen und Plünderungen seit den 1980er getroffen worden; im Herbst 2011 hat sich mit *Occupy Wallstreet, Berlin, Frankfurt etc.* eine Antikapitalismus-Bewegung konstituiert, die weltweit gegen die Folgen und das Umgehen mit der Finanzkrise protestiert (z.B. Brown 2012; Sassen 2011).Des Weiteren haben die Ereignisse um das Unglück im japanischen AKW Fukushima-Daiichi 2011 der deutschen Anti-Atomkraft-Bewegung neuen Zündstoff geliefert und die japanische Umweltbewegung zur Gründung einer grünen Partei motiviert. Und schließlich, um ein letztes Beispiel anzuführen, hat die Wiederwahl Vladimir Putins zum russischen Präsidenten im Sommer 2012 zu massiven Protesten in russischen Großstädten geführt.[1]

Hiermit soll nicht gesagt sein, dass es in den vorangehenden Jahren keine nennenswerten Ereignisse politischen Protests gegeben hätte – es sei nur an die Massendemonstrationen gegen den Irakkrieg in den Jahren 2002 und 2003 erinnert. Aus diesem Grund kann auch nicht wirklich von einer Renaissance politischen Protests gesprochen werden. Doch scheint sich das Bewusstsein gegenüber den Protesten gewandelt zu haben, denn die genannten Ereignisse sind im öffentlichen und wissenschaftlichen Diskurs als Reaktion auf die Praxis vielfach diskutiert worden; was nicht zuletzt die Tagung anzeigt, in deren Rahmen der vorliegende Aufsatz vorgestellt worden ist.

Wichtig scheint in diesem Zusammenhang, dass in den zuletzt euphorisch geführten öffentlichen Diskursen um Protest, Revolution, Wandel und Demokratie nicht vergessen wird, dass Systemwandel nicht grundsätzlich Fortschritt, oder anders ausgedrückt:

---

[1] Gewiss unterscheiden sich die genannten Proteste, denn Proteste gegen ein autoritäres Herrschaftssystem mit Protesten gegen eine bestimmte Form der Energieproduktion gleichzusetzen käme purem Relativismus gleich. Da jedoch mit dem vorliegenden Aufsatz eine allgemeine Analyse politischen Protests als Handlungsform im Zusammenhang mit gesellschaftlichem Wandel angestrebt wird und alle genannten Proteste gewisse Familienähnlichkeiten aufweisen (Wittgenstein 1958 zum Begriff „family resemblances"), ist die hier angewendete Vorgehensweise m.E. unproblematisch.

„Demokratisierung" bedeutet. Ob eine durch politischen Protest initiierte gesellschaftliche Veränderung zur Demokratie bzw. einem westlich geprägten Modell demokratischer Herrschaft führt ist für die sozialwissenschaftliche Analyse zunächst unerheblich. Natürlich ist es normativ wünschenswert, dass Proteste und gesellschaftliche Veränderungen zu freiheitlichen politischen Ordnungen führen. Der heutige Entwicklungsstand post-autoritärer Gesellschaften Ost- und Mitteleuropas sowie Zentralasiens – und Russland ist hier das Paradebeispiel – sollte allerdings als warnendes Beispiel fungieren, und vor Beteuerungen einer nächsten Demokratisierungswelle bewahren. Programmatischer Eckpunkt des vorliegenden Aufsatzes ist daher der Vorschlag, die Begriffe Protest und Revolution nicht an das Konzept Demokratie zu binden bzw. deren Verhältnis zu untersuchen sondern zunächst allgemeiner das Verhältnis von Protest und gesellschaftlichem Wandel zu analysieren. Es ist nachvollziehbar, dass Protestbewegungen und ihre Kämpfe, da sie in der Regel bottom-up initiiert sind, im Zusammenhang mit Demokratie diskutiert werden. Analytisch und methodisch sinnvoll erscheint ein ins Verhältnis setzen der Konzepte politischen Protests und gesellschaftlichen Wandels, da letzteres Demokratisierung und Demokratie einschließt, gleichzeitig aber sowohl Protestbewegungen und -formen, sowie deren Einfluss auf gesellschaftliche Veränderungsprozesse in einem weiteren Rahmen analysiert werden können. Politischen Protest im Zusammenhang mit gesellschaftlichem Wandel zu untersuchen erlaubt somit eine breite Perspektive, welche Proteste als soziale Handlungen ernst nimmt und deren Auswirkungen herausarbeiten will statt diese Ereignisse an normativ wünschenswerte Luftschlösser zu binden.

Im Folgenden soll eingangs der Begriff politischer Protest theoretisch rekonstruiert werden, da dieser den Dreh- und Angelpunkt des Aufsatzes darstellt. Anschließend werden verschiedene Proteste oder Protestereignisse analysiert, um herauszuarbeiten welche Faktoren für erfolgreichen Protest entscheidend sind. Der abschließende Teil ist als Vorschlag zu verstehen von welchen Grundlagen ausgehend politische Proteste systematisch untersucht werden können.

Protest als Mittel politischer Einflussnahme

Der Begriff Protest ist aus den romanischen Sprachen entlehnt und drückt eine „gegen etwas und dessen Folgen eingelegte [V]erwahrung, namentlich eine [R]echtsverwahrung"[2] aus. Protest ist also grundsätzlich gegen etwas gerichtet, hierin spiegelt sich ein Nichtübereinstimmen mit einer sozialen, politischen oder ökonomischen Praxis.[3] Das bedeutet allerdings nicht, dass Protest per se destruktiv ist. Vielmehr gilt es auch hier zwischen destruktiven und konstruktiven Formen zu unterscheiden. Der kleine Exkurs zur Begriffsbedeutung zeigt zudem, dass der Begriff Protest seinen Ursprung in der Rechtssprache bzw. in juristischen Diskursen hat. Einspruch gegen etwas einzulegen kann allerdings nur *coram publico* geschehen, d.h. vor Anderen (z.B. Mitbürgern, politischen und anderen funktionalen Eliten, der Weltöffentlichkeit).[4] Protest bedarf also nicht nur eines aktiven, sondern ebenso eines passiven Elements. Kommunikationswissenschaftlich[5] kann man vereinfa-

---

[2] Nach Grimms Wörterbuch der deutschen Sprache, auf: [http://woerterbuchnetz.de/ DWB?lemid=GP07792; Schlagwort „Protest"].

[3] Vgl. in diesem Zusammenhang John Deweys Ausführungen zum Entstehen von Öffentlichkeiten Dewey (1954).

[4] Vgl. in diesem Zusammenhang auch Hannah Arendts Überlegungen zur Demokratie und den Möglichkeiten gemeinsamer (kooperativer) Machterzeugung in einem der *agora* ähnlichen Kontext kommunikativer (d.h. hör- und sichtbarer) Interaktion (Arendt 1998, 2006).

[5] Vgl. in diesem Zusammenhang das *Vier-Seiten-Modell* von Thun (1981). Mit Blick auf *Kommunikation* findet sich eine ähnliche Beschreibung in Parsons (1966: 20), die auch auf den hier dargelegten Modus von Protest als gerichteter Handlung zutrifft. Des Weiteren im Zusammenhang mit dem Begriff *kommunikative Handlung* Austin (1975) und Habermas (1981, 1992). Und zur *Performativität* politischer Handlungen Matynia (2009).

chend argumentieren: Protestierende (Sender) drücken Nichtübereinstimmung mit einer gesellschaftlichen Praxis (Message) vor einem je unterschiedlich konstituierten Publikum (Adressat) aus. Das Publikum konstituieren heute nationale, regionale und globale Öffentlichkeiten, d.h. interne und externe Herrschaftseliten (z.B. Politiker, Parteien), funktionale Gruppen (z.B. Unternehmen, Gewerkschaften, Bürokratien, Intellektuelle) und schließlich die (in)aktiven Mitbürger (national/regional) und Mitmenschen (global). Protestierende können individuell oder kollektiv auftreten: Im ersteren Fall nehmen Einzelne entweder eine gewaltsam expressive Haltung des Protests ein (z.B. Selbstmordattentate), versuchen gewaltlos auf Ungerechtigkeiten aufmerksam zu machen (z.B. Demonstrationen und Streiks) oder wenden Gewalt gegen sich selbst an (z.B. Akte öffentlicher Selbstverstümmlung/Selbstmord, Hungerstreiks). Formen des kollektiven Protests sind ebenfalls in gewaltsame Akte (z.B. Barrikadenkämpfe, Straßenschlachten, Terroranschläge, Plünderungen) oder gewaltlose Aktionen (z.B. Demonstrationen, Streiks) zu unterscheiden.[6]Eine vorläufige Minimaldefinition könnte also lauten: *Protest ist eine Form politischen Handelns, mit der gewaltsam oder gewaltlos ein individuelles oder kollektives Nichtübereinstimmen mit einer je spezifischen gesellschaftlichen Handlungspraxis zum Ausdruck gebracht wird.Dies geschieht im Modus einer kommunikativ-performativen Handlung, die in der Öffentlichkeit stattfindet.*

Nach dieser ersten, intuitiven Exploration bedarf es einiger systematischer Bemerkungen. In diesem Zusammenhang sollen zunächst philosophisch-theoretische Referenzpunkte gesetzt werden. Da politischer Protest eine Form politischen Handelns darstellt, werde ich im Folgenden Protestkonzepte aus dem weiteren Rah-

---

[6] Obschon die Forschung zu sozialen Bewegungen annimmt, dass Gewalt kein „integraler Bestandteil" sozialer Bewegungen sei (z.B. Nassauer 2010: 4), zeigt die Praxis politischen Protests, dass Gewalt zu den Mitteln protestartiger Agitation zählt. Protest und Gewalt sind demnach nicht deterministisch aneinander gebunden, schließen sich allerdings ebenso wenig aus.

men verschiedener politischer Handlungstheorien generieren. Ideengeschichtlich ist in diesem Zusammenhang insbesondere Henry David Thoreau zu nennen (Thoreau 2007). Wie der bedeutungsschwere Titel seines Werks zu zivilem Ungehorsam *On the Duty of Civil Disobedience* andeutet, hat Thoreau einen sehr positiven Begriff politischen Protests. Ziviler Ungehorsam ist hier die Pflicht eines jeden Bürgers, gegen eine ungerechte und nicht zufriedenstellende Regierung zu protestieren. Mit der *Duty of Civil Disobendience* formuliert er: wenn eine Regierung dem Anspruch guten Regierens nicht gerecht werden kann – d.h. nicht in der Lage ist, die Organisation der Gesellschaft effektiver und gerechter zu bewältigen, als dies die vielen Einzelnen können – ist es Verpflichtung der Bürger, sich gegen die Regierung aufzulehnen und dieser den Gehorsam zu verweigern. Thoreau nennt als Mittel politischen Protests vor allem: die Verweigerung der Steuerabgaben und den Boykott politischer Wahlen (Thoreau 2007). Wichtig ist hier, dass er zivilen Ungehorsam als gewaltfreien Akt beschreibt.

Auch Hannah Arendts politische Philosophie bedient sich eines gewaltfreien Begriffs politischen Handelns und somit auch politischen Protests. Durch das gemeinsame Handeln (politischer) Bürger wird nach Arendt ein radikal-freiheitliches demokratisches Moment erzeugt, dass allerdings nur im Kontext der Gewaltlosigkeit seine Entfaltung findet. Wo Gewalt angewendet wird – und das schließt das staatliche Gewaltmonopol nicht aus –, sind die Mittel der Kommunikation erschöpft und (intersubjektives) politisches Handeln wird unmöglich (Arendt 1968, 1998, 2006; Smith 2010a). Protest ist im Kontext von Hannah Arendts politischer Theorie nur legitimes Mittel politischen Handelns wenn er gewaltlos ist (Arendt 1959, 2006). In dieser Tradition steht auch Jürgen Habermas, der eine gerechte (deliberative und demokratische) Gesellschaft als Ordnung versteht, in der den Bürgern Protest als eines von vielen Mitteln dient, an die Herrschaftsinstanzen das Bedürfnis für Reform und gesellschaftlichen Wandel zu kommunizieren (Habermas 1998).[7] Er teilt Arendts Begriff des Politischen und geht davon aus, dass Macht – im Besonderen kommunikative Macht – nur in gewaltfreien Kontexten des Sozialen erzeugt werden könne. Politisches Handeln ist in Habermas' Theorie dann legitim und produktiv, wenn es sich der Vernunft bedient und auf kooperative Problemlösungen abzielt. Das gilt also auch für die Handlungsform Protest. Aber kann politischer Protest überhaupt kooperativ verlaufen? Ist es nicht schon die grundsätzliche Antithese zu einer bestehenden Praxis, die es unmöglich macht in kooperativem Sinne zu protestieren? Versteht man Kooperation quasideterministisch als gesamtgesellschaftlich inklusives Handeln, dann ist es unmöglich von Protest als einer kooperativen Handlungsform zu sprechen. Habermas und Arendt argumentieren aber nicht in diese Richtung, es geht nicht um eine gesamtgesellschaftliche Inklusion im Sinne des zum Leben erwachten Kollektivbewusstseins.[8] Ganz im Gegenteil geht es um die Frage wie politische Macht erzeugt werden kann, die eine Gesellschaftsordnung der Mitglieder ermöglicht. Und hier stimmen Arendt und Habermas überein: Macht entsteht durch intersubjektives Handeln; das wiederum nur möglich ist, wenn von Gewalt Abstand genommen wird. Ist dies nicht der Fall, dann fehlt den genannten Autoren zufolge der Macht und den daraus resultierenden gesellschaftlichen Strukturen die Legitimität.

Dem gewaltfrei kooperativen Konzept politischen Handelns steht ein weiteres Konzept gegenüber, dem zufolge Politik und das Politische nicht als kooperatives Miteinander sondern als Kampf verschiedener Interessengruppen zu verstehen sei (z.B. Mouffe/Laclau 1985).[9] So kann beispielsweise das von Marx und Engels verfasste *Kommunistische Manifest* (Marx/Engels 1999) als Anlei-

---

[7] Vgl. zu Habermas' Begriff zivilen Ungehorsams Smith (2010b).

[8] Vgl. zum Begriff *Kollektivbewusstsein* Durkheim (1997) und zu einer *Kritik* dieses Konzepts Adorno (1976).

[9] Vgl. zum *Feind-Freund-Schema* in der Politik Schmitt (1932).

tung zu Revolution und Klassenkampf verstanden werden. Nach Marx' und Engels These führen die ungerechten Strukturen der frühindustriellen kapitalistischen Gesellschaft quasi-teleologisch zu Protest, Revolution und schlussendlich gesellschaftlichem Wandel. Anders als Thoreau (2007) argumentieren sie jedoch nicht, dass jeder Bürger gegenüber einer ineffektiven und ungerechten Regierung die moralische Verpflichtung habe den Gehorsam zu verweigern, sondern, dass eine bestimmte gesellschaftliche Gruppe (das Proletariat) durch das Leiden an größter Ungerechtigkeit automatisch diejenige gesellschaftliche Kraft werde, die aufbegehrt, umstürzt und schließlich Wandel generieren könne. Wichtig ist in diesem Zusammenhang, dass diese Argumentation die ungerechte gesellschaftliche Praxis des Kapitalismus als Gewalt versteht, und somit auch die revolutionäre Praxis Gewalt als Mittel nicht ausschließt. So argumentiert beispielsweise Trotzki, dass Gewaltanwendung dann legitim sei, wenn der Zweck der Handlung eine gerechte Gesellschaft ist (Trotzki 1938).[10] Diesen Theorien liegt die Analyse zu Grunde, dass Kontexte von Politik und Herrschaft nicht vordergründig nach dem Prinzip der Kooperation strukturiert sind, sondern vielmehr das Ergebnis eines Kampfes um Hegemonie darstellen.[11] Eine Idee, die insbesondere in der Forschung zur radikalen Demokratie aufgegriffen wird.[12] Mouffe und Laclau beispielsweise konzipieren politisches Handeln – auch jenseits der rechtsstaatlichen Mittel politischer Einflussnahme – als „counterhegemonic intervention" (z.B. Mouffe/Laclau 1985; Mouffe 2008), d.h. als ein Dagegenhalten gegen Formen einer als falsch (z.B. ungerecht) empfundenen Herrschaft.

---

[10] Vgl. auch die in dieser Zeit geführte *Zweck-Mittel-Debatte* Kohlmann (2001).

[11] Vgl. insbesondere Schmitt (1932), Gramsci (1991), Mouffe/Laclau (1985).

[12] Vgl. zum Begriff *Radikale Demokratie* z.B. Mouffe/Laclau (1985), Mouffe (1993, 2000, 2005, 2008), Ranciere (2002), Celikates (2010), Abensour (2011).

Protest als „Trigger" gesellschaftlichen Wandels

Nachdem der vorangehende Anschnitt den Begriff politischen Protest mit Rückgriff auf allgemein zu beobachtende Charakteristika und verschiedene politische Handlungstheorien rekonstruiert wurde, soll nun der Zusammenhang zum Konzept gesellschaftlichen Wandels hergestellt werden. Weiter oben habe ich gesagt, dass Protest sich grundsätzlich gegen Formen gesellschaftlicher Praxis richtet, z.B. gegen Handlungs- oder Herrschaftsformen. Dem geht die Annahme voraus, dass Protest aus der negativen Erfahrung mit und Reflexion über eine gesellschaftliche Praxis entsteht. Ist Protest erfolgreich, dann steht am Ende der Bewegung die Abschaffung, Veränderung oder Rekonzeptionalisierung der Praxis, d.h. gesellschaftlicher Wandel.[13] Obschon Wandel in der Regel den von Protestbewegungen angestrebten Zustand darstellt, ist damit nicht gesagt, dass am Ende jeder Protestbewegung auch gesellschaftlicher Wandel steht. Dies festzuhalten scheint von herausragender Wichtigkeit für aktuelle Diskurse um dieses Thema, da Proteste zumeist nur den Anfang politischer, sozialer oder anderer Transformationen darstellen. Für das Herrschaftssystem werden sie erst dann relevant, wenn sie die gesellschaftliche Ordnung beeinflussen können. D.h. also: Protest kann für gesellschaftlichen Wandel konstitutiv werden, wenn sich die Forderungen in der Herrschaftsordnung selbst niederschlagen oder zumindest die politischen Diskurse entscheidend beeinflussen.

Wann ist das der Fall könnte man fragen, wann kann also politischer Protest zu gesellschaftlicher Veränderung führen? Denn für eine sozialwissenschaftliche Perspektive auf gesellschaftlichen Wandel ist insbesondere interessant herauszufinden, welche Faktoren für den Erfolg oder Misserfolg von Protesten entscheidend

---

[13] Die These, dass insbesondere machtlosen – d.h. herrschaftsfernen bzw. mit geringem politischem Einfluss ausgestatteten – Gruppen Protest als verhältnismäßig effektives Mittel politischer Einflussnahme dient, ist sozialwissenschaftlich durch verschiedene Arbeiten belegt. Vgl. z.B. Piven/Cloward (1978), Tilly (1977), Meyer (2004).

sind. Der Rahmen des Aufsatzes lässt es nicht zu hier eine detaillierte Antwort zu formulieren, dementsprechend möchte ich eher
allgemein bleiben und mit Referenz zu einigen der eingangs angeführten Beispiele verschiedene Faktoren herausarbeiten, die entscheidend für den Erfolg politischer Proteste und dass Erreichen
gesellschaftlichen Wandels sind. So glaube ich grundsätzliche Kategorien rekonstruieren zu können, die die Analyse politischer Proteste anleiten können.

Im Kontext der Ereignisse um das Unglück in Fukushima Daii-
chi im Frühling 2011 konnte die Anti-AKW-Bewegung in Deutschland sehr nachvollziehbar gegen diese Form der Energieproduktion protestieren und brachte im März bundesweit über 200.000 Demonstranten auf die Straße.[14] Das Unglück im japanischen AKW
machte in diesem Sinne die Einwände der Anti-AKW-Bewegung
quasi über Nacht wieder salonfähig. Man könnte also in diesem
Fall argumentieren, dass die Anti-Atomkraft-Proteste von 2011 als
Anzeichnen für einen gesellschaftlichen Konsens zu deuten sind,
der im Schatten einer relevanten gesellschaftlichen Bewusstseinsveränderung erreicht wurde. Noch kann man nicht absehen, ob die
Anti-AKW-Proteste zu einer kompletten Umstrukturierung der
Energieproduktionssysteme in Deutschland führen werden, doch
ist der Ausstieg vom Ausstieg beschlossen. Das bedeutet jedoch
nicht, dass durch den Protest der Anti-AKW-Bewegung keine gesellschaftliche Veränderung herbeigeführt worden ist. Vor dem
Hintergrund der Ereignisse in Japan wurde der Diskurs um Atom-
energie deutlich transformiert, dass Bewusstsein über die Gefahren
hat sich verändert und das Ziel diese Form der Handlungspraxis
abzuschaffen bzw. zu ersetzen ist in greifbare Nähe gerückt. Zunächst scheint also mit Bezug auf sozialen Wandel von entschei-
dender Bedeutung,ob Anlass und Ziel politischer Protestemehr-
heitsfähig sind oder ob diese ggf. durch aktuelle Ereignisse mehrheitsfähig werden können. Denn wie schon Alexis de Tocqueville

---

[14] Hierbei handelte es sich um die größten Anti-AKW Proteste in Deutschland
(Süddeutsche Zeitung, 26.03.2011).

richtig feststellte sind solche Interessen oder Ziele effektiv umsetz-
bar, die von einer großen Gruppe getragen werden (Tocqueville
1998). In diesem Sinne ist die „Ausdehnung" einer Protestbewegung relevant. Für den Erfolg politischen Protest ist entscheidend
welche gesellschaftlichen Gruppen sich beteiligen bzw. welche
Gruppen mit den Protestierenden sympathisieren. Der Erfolg einer
Protestbewegung, so könnte man argumentieren, steht und fällt
also auch mit der Zustimmung gesellschaftlich relevanter Gruppen
(Piven/Cloward 1978: 24). Wenn, wie im ägyptischen Fall, sich z.b.
Polizei und Militär entscheiden nicht gegen die Protestierenden
vorzugehen, dann wird es auch für illegitime und repressive Regimes schwer ihre Macht zu erhalten und gesellschaftliche Transformation zu verhindern. Stehen Militär und Polizei nicht auf der
Seite einer gesamtgesellschaftlichen Protestbewegung, dass zeigt
der Verlauf der Proteste im Iran 2010 und in Syrien 2011, kommt es
zu massiven gesellschaftlichen Kämpfen statt zu sozialem Wandel
(APUZ 2011).

Darüber hinaus sind die im Protest angewendeten Handlungsformen für das Erreichen gesellschaftlichen Wandels entscheidend.
Gewalttätiger und destruktiver Protest wird in der Regel in den
wenigsten Gesellschaften mehrheitsfähig, dass zeigen nicht zuletzt
die Reaktionen auf die sozialen Unruhen in England. Auf soziale
Exklusion, Benachteiligung und Diskriminierung mit Akten von
Gewalt zu reagieren, wurde in England nicht als adäquate Form
politischen Handelns empfunden. Dass die in diese Unruhen in-
volvierten Gruppen durch ihre soziale Position evtl. nicht über den
Zugang zu anderen Mitteln politischer Einflussnahme verfügten,
wird allerdings in dieser Diskussion häufig vergessen.[15] Trotzdem
zeigt dieses Beispiel, dass einige Formen des Protests weniger er-
folgversprechend sind als andere. Das erscheint insofern nachvollziehbar, als dass die Anwendung von Gewalt immer ein repressi-

---

[15] Piven/Cloward (1978) argumentieren: "[P]eople cannot defy institutions to
which they have no access, and to which they make no contribution." (Pi-
ven/Cloward 1978: 23)

ves Moment in sich trägt und somit nicht Zustimmung sondern Ablehnung generiert. Dies gilt insbesondere für solche Fällen, in denen Gewalt nicht gegen den Staat sondern, wie in England, gegen Privatpersonen und Privateigentum ausgeübt wird (The Guardian 2011).

Schlussendlich ist für durch Protest herbeigeführten gesellschaftlichen Wandel die Responsivität des Herrschaftssystems relevant (z.B. Dewey 1954).Dies gilt natürlich nur für die Fälle, in denen ein Herrschaftssystem durch Protest nicht abgeschafft oder überworfen werden soll. Zielt der Protest auf moderate und spezifische Veränderung einer bestimmten sozialen Praxis (z.B. Energieproduktion oder soziale Gerechtigkeit), dann ist für das Erreichen des Ziels auch entscheidend, ob die verantwortlichen Akteure auf das Kommunikationsangebot reagieren, d.h. auf die Forderungen nach gesellschaftlichem Wandel eingehen und diese umzusetzen suchen. Der Grad der Responsivität des Herrschaftssystems scheint entscheidend mit der zugrunde liegenden Funktionslogik zusammenzuhängen. Demokratien z.B. sind – als politische Systeme, die Legitimität durch eine Rückbindung an die Bürgerschaft generieren – in der Regel responsiver als z.B. autoritär-repressive Regimes.

Mit Rückgriff auf die vorangehenden Ausführungen lasst sich festhalten: *Protestbewegungen entstehen – das ist im Verlauf des Aufsatzes mehrfach unterstrichen worden – aus einem Nichtübereinstimmen mit einer bestimmten Form individuellen oder kollektiven Handelns. Dem liegt, so lässt sich schließen, Reflexion über die gesellschaftlichen Verhältnisse zugrunde, oder zumindest ein Empfinden von Ungerechtigkeit oder ein Gefühl von Unzufriedenheit mit den gesellschaftlichen Umständen, das zum Handeln motiviert. Das heißt also zunächst, dass politische Proteste immer einen **Anlass** haben. Das **Ziel** ist gesellschaftlicher Wandel, bzw. das Erreichen einer Vision gesellschaftlichen Wandels. Für das Erreichen dieses Ziels ist entscheidend, welche **Formendes Protests** gewählt werden, und wie die **Zusammensetzung der Protestbewegung** und die **gesellschaftlichen Herrschaftsverhältnisse** angelegt sind, d.h. welche relevanten Gruppen mit der Absicht einer Bewegung übereins-*

timmen, sympathisieren oder zumindest nicht gegen die Protestierenden vorgehen. Sind die Ziele und Formen politischer Proteste mehrheits- bzw. zustimmungsfähig, wird die Aussicht auf Erfolg gesteigert; ebenso entscheidend ist die Responsivität des Herrschaftssystems.

Grundlagen eines Analyseschemas zur Untersuchung politischen Protests

Inwiefern kann an die hier skizzierten theoretischen Überlegungen angeknüpft werden? Zunächst hat die methodische Ausrichtung der Analyse gezeigt, dass es sinnvoll erscheint die Untersuchung politischen Protests in gewissem Maße von der Systemfrage zu lösen: Protest zielt in der Regel auf gesellschaftlichen Wandel, in diesem Sinne sollte also auch die Protestforschung versuchen verstärkt den Zusammenhang zwischen politischem Protest und sozialem Wandel zu untersuchen.

Um diese Art der informierten Analyse betreiben zu können, wird in diesem Aufsatz argumentiert, dass die Orientierung an Kernkategorien die Untersuchung erleichtern kann. Der Auswahl dieser Variablen geht die Annahme voraus, dass Protest aus der negativen Erfahrung mit und Reflexion über eine gesellschaftliche Praxis entsteht. Ist Protest erfolgreich, so steht am Ende der Bewegung die Abschaffung, Veränderung oder Rekonzeptionalisierung der Praxis – d.h. gesellschaftlicher Wandel. Die Kategorien, die eine empirische Untersuchung aktueller Proteste anleiten können, sind: *Anlass, Ziel, Form* politischen Protests und die *Zusammensetzung der jeweiligen Protestbewegung,* sowie die *gesellschaftlichen Herrschaftsverhältnisse.* Mit Rückgriff auf diese Kernkategorien können Protestbewegungen, im Sinne einer auf gesellschaftlichen Wandel ausgerichteten Sozialforschung, kartographiert, eingeordnet und analysiert werden.

Kommen wir abschließend zu der im Titel implizierten Frage ob jede Revolution zur Demokratie führt. Folgt man dem hier dargelegten Verständnis, so lautet die Antwort Nein. Anders verhält es sich mit gesellschaftlichem Wandel, denn jeder Protest und jede

Revolution verändert eine Gesellschaft. Weitreichende und starke Proteste können beispielsweise ein Herrschaftssystem umwerfen, ein öffentliches Aufbegehren gegen bestimmte Handlungsformen kann zu einer gesellschaftlichen Bewusstseinsveränderung führen. Das heißt Protest und Wandel, gleich welche Form diese annehmen, sind untrennbar miteinander verbunden.

Literatur

Abensour, Miguel (2011): Democracy against the State. Marx and the Machiavellian Moment, London/New York: Verso.

Adorno, Theodor W. (1976): „Einleitung", in: Durkheim, Emile: Soziologie und Philosophie, Frankfurt am Main: Suhrkamp, S. 7-44.

Aus Politik und Zeitgeschichte [APUZ] (2012): Protest und Beteiligung, 39/2011.

Aus Politik und Zeitgeschichte [APUZ] (2011): Arabische Zeitenwende, 25-26/2011.

Arendt, Hannah (2006): On Revolution, 1963, New York & London: Penguin Books.

Dies. (1998): The Human Condition, Chicago: The University of Chicago Press.

Dies. (1968): Freedom, in: Between Past and Future. Six Excercises in Political Thought, New York: Viking Press.

Dies. (1959): Reflections on Little Rock, in: Dissent 6, S. 45-56.

Austin, John L. (1975): How to Do Things with Words. The William James Lectures delivered at Harvard University in 1955, Urmson/Sbisa (Hg.), Cambridge/Massachusetts: Harvard UP.

Brown, Wendy (2011): Occupy Wall Street. Return of a Repressed Res-Publica, in: Theory and Event (14:4): Online Supplement.

Celikates, Robin (2010): Ziviler Ungehorsam und radikale Demokratie – konstituierende vs. konstituierte Macht?, in: Thomas Bedorf/Kurt Röttgers (Hg.): Das Politische und die Politik, Berlin: Suhrkamp, S. 274-300.

Durkheim, Emile (1997 [1893]): The Division of Labor in Society, New York: The Free Press.

Habermas, Jürgen (1998): Faktizität und Geltung: Beiträge zur Diskurstheorie des Rechts und des demokratischen Rechtsstaats, 4. (erw.) Auflage, Frankfurt am Main: Suhrkamp.

Habermas, Jürgen (1992): Erläuterungen zur Diskursethik, 2. Auflage, Frankfurt am Main: Suhrkamp.

Habermas, Jürgen (1981): Theorie des kommunikativen Handelns, 2 Bände, Frankfurt am Main: Suhrkamp.

Hessel, Stephane (2011a): Empört Euch! Berlin: Ullstein Verlag.

Ders. (2011b): Engagiert Euch! Berlin: Ullstein Verlag.

Kohlmann, Ulrich (2001): Politik und Moral: die Zweck-Mittel-Debatte in der neueren Philosophie und Politik, zu Klampen, Lüneburg.

Korotayev, Andrey/Zinkina Julia (2010): Egyptian Revolution: A demographic structural analysis, in: Entelequia. Revista Interdisciplinar (At www.eumed.net/entelequia).

Marx, Karl/ Engels, Friedrich (1999 [1848]): Manifest der kommunistischen Partei, Haburg/Berlin: Argument Verlag, S. 41-87.

Matynia, Elzbieta (2009): Performative Democracy, Boulder: Paradigm Publishers.

Meyer, David S. (2004): Protest and Political Opportunities, in: Annual Review of Sociology, 30:1, S. 25–45.

Mouffe, Chantal/ Laclau, Ernesto (1985): Hegemony and Socialist Strategy: Towards a Radical Democratic Politics, 2nd Edition, 2001, London/New York: Verso.

Mouffe, Chantal (1993): The Return of the Political, London/New York: Verso.

Mouffe, Chantal (2000): The Democratic Paradox, London/New York: Verso.

Mouffe, Chantal (2005): On the Political, New York: Routledge.

Mouffe, Chantal (2008): Critique as Counter-Hegemonic Intervention, in: Transversal (webjournal): The Art of Critique, 08/2008 [http://eipcp.net/transversal/0808/folder_contents].

Nassauer, Anne (2010): Protest und Gewalt. Zur Notwendigkeit einer empirischen Untersuchung situativer Interaktion, BGSS Working-Paper 02, Department of Social Sciences, Humboldt-Universität zu Berlin.

Parsons, Talcott (1966): Societies. Evolutionary and comparative perspectives. Englewood Cliffs: Prentice-Hall.

Piven, Frances Fox/ Cloward, Richard (1978): Poor People's Movements: Why they Succeed, How they Fail, London: Vintage Books.

Rancière, Jacques (2002): Das Unvernehmen. Politik und Philosophie, Frankfurt am Main: Suhrkamp.

Sassen, Saskia (2011): "The Global Street: Making the Political", in: Globalizations, 8:5, S. 565–71.

Schmitt, Carl (1932): Der Begriff des Politischen, 7. Aufl., 1996, Berlin: Duncker & Humblot.

Smith, William (2010a): Reclaiming the Revolutionary Spirit: Arendt on Civil Disobedience, in: European Journal of Political Theory, 9:2, S. 149-166.

Smith, William (2010b): Civil Disobedience and Social Power: Reflections on Habermas, in: Contemporary Political Theory, 7:1, S. 72-89.

Süddeutsche Zeitung (2011): Anti-Atom-Bewegung mobilisiert 250.000 Menschen, 26.03.2011, (http://www.sueddeutsche.de/politik/bundesweite-proteste-anti-atom-bewegung-mobilisiert-zehntausende-1.1077642).

The Berkeley Journal of Sociology [TBJS] (2011): Understanding the Occupy Movement: Perspectives from the Social Sciences, Online Forum with different Artciles form leading social scientists, auf: (http://bjsonline.org/2011/12/understanding-the-occupy-movement-perspectives-from-the-social-sciences/).

The Guardian (2011): Dossier zu den Unruhen in England im Sommer 2011, auf: (http://www.guardian.co.uk/uk/london-riots?INTCMP=SRCH).

Thoreau, Henry David (2007 [1849]): On the Duty of Civil Disobedience, Rockville: Arc Manor.

Tilly, Charles (1977): From Mobilization to Revolution, CRSO Working Paper #156, Center for Research on Social Organization, Michigan: University of Michigan.

Tocqueville, Alexis de (1998 [1835/1840]): Democracy in America, London: Wordsworth.

Trotzki, Leo (1938): Ihre Moral und unsere, in: Kohlmann, Ulrich (Hg.) (2001): Politik und Moral: die Zweck-Mittel-Debatte in der neueren Philosophie und Politik, Lüneburg: zu Klampen Verlag.

von Thun, Friedemann (1981): Miteinander reden: Störungen und Klärungen. Psychologie der zwischenmenschlichen Kommunikation, Reinbek: Rowohlt.

Protestbewegungen im Spiegel des Politischen nach Chantal Mouffe

Jasper Finkeldey und Jasper von Alemann

Einleitung

Ein Gespenst geht um in Europa – wieder einmal. Es spukt in Börsen und Banken, gegen das Kapital, die Eliten diskutieren abseits der Parlamente um den Weg aus der Krise. Massen zeigen in Europa ihren Unmut auf der Straße gegen die Entpolitisierung scheinbar alternativloser Rettungs- und Sparpolitik. In Chantal Mouffes Forderung nach der Re-Etablierung des Politischen findet sich dieser Protest wieder. Die Autorin wendet sich dabei gegen die hegemoniale Stellung des Neoliberalismus nach dem Ende des real existierenden Sozialismus. Politische Projekte seien heute weitestgehend vom Neoliberalismus vereinnahmt (etwa Mouffe 2008: 107ff). Uns interessiert inwieweit sich die demokratietheoretische Folie ihres *agonistischen Pluralismus* für die konkrete Untersuchung heutiger Protestbewegungen eignet, die sich „Spardiktaten" und „Bankenrettungen" widersetzen. Im Rahmen dieses Artikels verwenden wir dabei eine breite Definition von Protestbewegungen. Unsere empirische Untersuchung zielt auf eine Analyse der niederländischen Partij voor de Vrijheid (PVV) auf der einen Seite des politischen Spektrums und dem globalisierungskritischen Netzwerk Attac auf der anderen. Können diese Bewegungen die „antagonistischen Kanäle" auf dem linken und rechten politischen Spektrum wieder besetzen? Welche Gefahren birgt dieser Ansatz?

Wir werden zunächst Chantal Mouffes agonistischen Pluralismus vorstellen. Daraus abgeleitet schlagen wir einen Analysekatalog für die Untersuchung heutiger Protestbewegungen vor. Diesen Katalog wenden wir in unserem empirischen Teil auf die niederländische Partij voor de Vrijheid (PVV) und das globalisierungskritische Netzwerk Attac an. Hierbei argumentieren wir, dass sich

Mouffe als theoretische Referenz auch in empirischen Untersuchungen als fruchtbar erweisen kann.

Agonistischer Pluralismus nach Chantal Mouffe

Chantal Mouffes agonistischer Pluralismus ist ein Gegenmodell zur verbreiteten Vorstellung, nach der sich Politik aus einer neutralen Position heraus gestalten lässt. Sie opponiert gegen kosmopolitische Demokratiemodelle, die auf eine konsensuale Demokratievorstellung abstellen. Diese Vorstellung verwirft Mouffe, da das Politische notwendigerweise eine Wahl zwischen konfligierenden Alternativen voraussetze (Mouffe 2007: 17). Jürgen Habermas' deliberatives Demokratiemodell dient ihr hierbei als ein prominenter Gegenspieler.[1] Entscheidend ist aber auch ihre Auseinandersetzung mit Carl Schmitts Politikverständnis, von dem sie das Konzept des Antagonismus übernimmt, sich aber von der Radikalität seines Verständnisses distanziert und Politik nicht als einen latenten Ausnahmezustand verstehen möchte (Schmitt 1932). In Abgrenzung zu Schmitts existentiellem Feindbegriff spricht Mouffe sich für einen Kampf zwischen „legitimen Feinden" (Mouffe 2008: 103) aus.[2]

Das Politische, das in dieser Arbeit im Zentrum steht, beschreibt Mouffe in Anlehnung an Carl Schmitt als „einen Ort von Macht, Konflikt und Antagonismus" (Mouffe 2007: 16). Politik ist für sie das „Ensemble von Praktiken, Diskursen und Institutionen, die bestimmte Ordnung zu etablieren versuchen und menschliche Koexistenz unter Bedingungen zu organisieren, die immer potentiell konfliktorisch sind" (Mouffe 2008: 103). Politik kann somit als Verfahrensweise verstanden werden, auf die das Politische einwirkt. Dabei stellt sie heraus, dass politische Fragen nicht alleine

---

[1] In dieser Arbeit verwenden wir deliberative und konsensuale Demokratie, wie Mouffe vorschlägt, synonym.

[2] Mouffe verwendet die Begriffe Gegner und legitimer Feind synonym.

„technische Probleme" seien, die von Experten aus einem vermeintlich neutralen Standpunkt gelöst werden könnten (Mouffe
2007: 16; 60). Da die konsensuale Demokratie keine Kanäle für Antagonismen offenhalte, würden der konfliktorische Charakter der
Demokratie auf gefährliche Weise auf anderer Ebene ausgelebt
werden. Mouffe führt hier vor allen Dingen das Beispiel des
Rechtspopulismus an.

Angesichts der Dynamik gesellschaftlicher (Herrschafts-
)Verhältnisse, gilt die „hegemoniale Stabilisierung" (Nonhoff 2007:
12) als Ziel von Politik, das allerdings nie vollständig erreicht werden kann. Hegemoniale politische Ordnungen wären notwendigerweise prekär, da es stets gegenläufige Strömungen zur bestehenden Ordnung geben würde. Hegemonie kann dabei als „wech-
selseitiges Ineinanderfallen von Objektivität und Macht" (Mouffe
2008: 101) verstanden. Soziale Objektivität werde dabei durch
Machtakte konstruiert. Daraus ergibt sich, dass sowohl politischen
Entscheidungsträgern, als auch Gegnern bestehender politischer
Ordnungen eine völlige Kontrolle über Hegemonie verwehrt
bleibt. Hegemonie ist damit in ihrem Wesen umkämpft und sieht
sich stets gegenhegemonialen Projekten gegenüber. Besondere Kritik erfährt daher der von europäischen Sozialdemokraten began-
gene Dritte Weg. Dieser täusche über den inhärent umstrittenen
Charakter des Politischen hinweg und sei nunmehr Handlanger
des Neoliberalismus. Agonistische Demokratie erfordere gerade
die Anerkennung von „Konfrontation zwischen demokratischen
politischen Positionen" (Mouffe 2008: 111). Mit der „Trivialisie-
rung", also der Negation des Politischen, gingen gleichzeitig eine
zunehmende Form von Entfremdung und ein rückläufiges Interesse an politischer Partizipation einher. Dieser Prozess werde durch
die wachsende „Juridisierung" anstelle einer politischen Öffentlichkeit befördert. Angesichts der Diversifizierung von Gesellschaften und der damit einhergehenden Unmöglichkeit alle Probleme
politisch zu lösen, bestehe die Tendenz der Rechtssphäre in einem
höheren Maße zu berücksichtigen. Damit würde die antagonisti-

sche Dimension des Politischen in den Hintergrund gedrängt. (Mouffe 2008: 107-124)

Die Negation der Links/Rechts-Unterscheidung habe dazu beigetragen, dass die politische Dimension, die Mouffe für demokratische Gesellschaften als konstitutiv erachtet, verdrängt wurde. Deshalb ruft sie zu einer Neudefinition eines linken Projektes auf, dass den „demokratischen Kampf" reaktivieren würde (Mouffe 2008: 116). Dabei müsse die Politik des Dritten Weges seitens der Sozialdemokratie fallen gelassen werden.

Mouffes Projekt setzt die Pluralisierung des politischen Feldes voraus, womit sie sowohl Habermas' als auch Schmitts Verständnis widerspricht. Durch sein Streben nach Konsens schließe Habermas die Möglichkeit einer pluralistischen Gesellschaft aus (Mouffe 2008:59-61). Schmitt auf der anderen Seite spräche sich explizit gegen den Pluralismus aus, da er einen homogenen Demos als Existenzbedingung von Demokratien ansieht (Mouffe 2008: 62). Die „substantielle Gleichheit", an der nach Schmitt alle Bürger gleichsam teilhaben müssten, lasse keinen Platz für Pluralismus. Mouffes Pluralismuskonzept besagt, dass es, anders als der deliberative Ansatz postuliert, keine „rationalste" Form von Demokratie gäbe, sondern nur unterschiedliche Interpretationen. Daraus folgt, dass viele Menschen das „demokratische Spiel" spielen könnten, es aber auf unterschiedliche Art und Weise interpretieren (Mouffe 2008: 80).[3] Aus dieser Unentscheidbarkeit folgert Mouffe eine notwendige Pluralisierung. Damit einhergehend würde die Anerkennung der Pluralität einer Gesellschaft auch die Stärkung der Aktivbürgerschaft mit sich bringen. Dies bedeutet konkreter, dass sich liberal-konservative, sozialdemokratische und radikaldemokratische aktivbürgerschaftliche Konzepte um eine hegemoniale Stellung streiten. Hierbei schlägt jede einzelne Spielart seine eigene

---

[3]Mouffe zitiert hier Wittgenstein: „Einer Regel folgen ist analog dem: einen Befehl befolgen. Man wird dazu abgerichtet und man reagiert auf ihn in bestimmter Weise. Aber wie, wenn der Eine so, der Andere anders auf Befehl und Abrichtung reagierte? Wer hat dann Recht?" (Wittgenstein zitiert nach Mouffe 2008: 80).

Vorstellung des Gemeinwohls vor. Da diese Form von Demokratie konfliktträchtig sei, müsste allein das Verständnis zwischen den aktivbürgerschaftlichen Bewegungen geklärt sein, dass man sich als Gegner gegenübersieht, nicht als Feind. „Konfliktorischen Konsens" nennt Mouffe diesen Zustand, in dem es möglich ist den Antagonismus, den Schmitt als konstitutiv für das Politische beschreibt in einen Agonismus zu transformieren. Demokratische Politik ziele auf die Konstruktion eines „Sie", nicht als zu vernichtender Feind, sondern als Gegner „dessen Ideen wir bekämpfen, dessen Recht, jene Ideen zu verteidigen wir aber nicht in Zweifel ziehen" (Mouffe 2008: 103).[4]

Möglichkeitsbedingungen gegenhegemonialer Projekte

In diesem Kapitel destillieren wir die Möglichkeitsbedingungen der Mouffeschen Theorie. Dabei extrahieren wir die zentralen Konzepte aus Mouffes agonistischem Politikverständnis.

Auf parteipolitischer Ebene konstatiert Mouffe ein Aufgeben von antagonistischen Kanälen durch die Idee und Umsetzung des „Dritten Weges". Daher macht sie sich für eine Re-Etablierung der politischen Kategorien Links und Rechts stark. Um dieser theoretischen Re-Polarisierung und dem in unseren Augen momentan leidenschaftslosen Sozialdemokraten in Europa gerecht zu werden, setzen wir uns mit dem globalisierungskritischen Netzwerk Attac und der Partei des Nationalpopulisten Geert Wilders auseinander. In diesem Fall wird uns die Frage beschäftigen, welche Mechanismen sich bei rechten und linken gegenhegemonialen Projekten unterscheiden und welche sich ähneln. Hier interessiert uns exemplarisch, welche Strategien Bewegungen aus dem linken und rechten Spektrum benutzten, um diese Kanäle zu besetzen. Abschließend werden wir uns mit der Frage auseinandersetzen, welche Unterschiede sich dabei erkennen lassen.

---

[4] Für Mouffe ist Konsens nur eine temporäre „Atempause", da das Politische inhärent unentscheidbar sei (Mouffe 2008: 104, 106).

„Immer mehr Leute fühlen, dass traditionelle Parteien aufgehört haben, ihre Interessen zu berücksichtigen, und Parteien der extremen Rechten erzielen in vielen europäischen Ländern erhebliche Erfolge. Darüber hinaus herrscht selbst unter jenen, die dem Ruf der Demagogen widerstehen, eine ausgesprochen zynische Einstellung gegenüber Politik und Politikern, was einen korrosiven Einfluss auf die Kohäsionskraft demokratischer Werte hat" (Mouffe 2008: 85).

Mouffe sieht ein fundamentales Problem in der Negation des Politischen, wie es sowohl von Wissenschaftlern wie Politikern mehrheitlich artikuliert werde. Wie gezeigt sind für Mouffe Antagonismen konstitutiv für die Sphäre des Politischen und damit verbunden auch Wesensbestimmung einer funktionierenden Demokratie. Hierbei streitet sie aus unserer Sicht auf zwei unterschiedlichen Ebenen: einmal auf der theoretischen Ebene wider die deliberative Demokratie und auf empirischer Ebene gegen die Aufgabe antagonistischer Positionen seitens sozialdemokratischer Parteien.

Mouffes Denken ist von der Idee geprägt, dass politische Ordnungen stets von hegemonialen Machtverhältnissen geprägt sind. Um als Protestbewegung eine gegenhegemoniale Position einzunehmen, muss als logische Voraussetzung zunächst einmal eine Hegemonie erkannt werden. Nach Mouffe müsse es im Sinne der antagonistischen Dimension des Politischen Ziel der Aktivbürgerschaft sein, Kanäle zu öffnen, die eine gegenhegemoniale Position überhaupt erst ermöglichen. Wir untersuchen daher, *ob die hegemoniale Stellung als solche artikuliert wird, um eine sich klar abgrenzende Position hierzu formulieren zu können*. Als eine zentrale Voraussetzung für das Gelingen einer gegenhegemonialen Bewegung nennt Mouffe die europäische Dimension dieses Projektes. Auf überstaatlicher Ebene gibt sie hier das empirische Beispiel der Finanzmarktregulierung, die nur unter der Voraussetzung gelingen könne, dass alle Staaten sich auf gemeinsame Maßnahmen einigen könnten. „Die Zähmung des Kapitalismus" (Mouffe 2008: 123) könne nicht unter der Voraussetzung vorangebracht werden, dass europäische Staaten untereinander um die Attraktivität der transnationalen Konzerne ringen. Daher ist für unsere Analyse von besonderer

Relevanz, *ob die von uns untersuchten Organisationen auch über Grenzen hinweg agieren.* Damit eine gegenhegemoniale Bewegung Erfolg haben kann, muss sie sich nach Ansicht von Mouffe schließlich auf einen Demos beziehen. Anders als Schmitt, der den Demos synonym mit seinem Volksbegriff durch eine „Demarkationslinie" (Schmitt nach Mouffe 2008: 53) von einem anderen trennt, begreift Mouffe den Demos in einer wandelbaren, streitbaren Form. Dies bildet den Kern ihres „Kommunalitäts"-Konzeptes. Was das eigentliche Wesen des Demos ausmache, müsste immer wieder neu verhandelt werden. Dies werde möglich durch die aktive Gegnerschaft von verschiedenen Verständnissen von Aktivbürgerschaft. Dabei dürfe allerdings die allgemeine Anerkennung von Pluralismus trotz der Gegnerschaft nicht in Frage gestellt werden. Der Pluralismus müsse auf religiöser, moralischer, kultureller und parteipolitischer Ebene anerkannt werden (Mouffe 2008: 65). Wir untersuchen also, *ob die von uns untersuchten Protestbewegungen den beiden Bedingungen der Mouffeschen Kommunalitäts-Konzeption, namentlich der Verhandelbarkeit des Demos und der Anerkennung von Pluralismus, gerecht werden.* Eng damit verknüpft ist als letzte Ermöglichungsbedingung die agonistische Dimension von Chantal Mouffes Politikverständnis. Wie oben gezeigt, zielt die Theorie der Belgierin zwar auf eine klare Gegenpositionierung zu anderen Gemeinwohlkonzeptionen. Gleichzeitig fordert sie aber auch deren Anerkennung als Gegner auf Augenhöhe. Wir untersuchen daher, *ob und inwiefern sich im Denken und Handeln unserer Protestbewegungen Hinweise auf eine Gegnerschaft im Mouffeschen Sinne als „legitimer Feind" anderer Gemeinwohlkonzeptionen finden lassen.*

Protestbewegungen im Spiegel des antagonistischen Pluralismus

Im Folgenden untersuchen wir, inwiefern die Möglichkeitsbedingungen für gegenhegemoniale Projekte von Attac und Geert Wilders erfüllt werden.

Attac

Vor dem Hintergrund der Globalisierung identifiziert das Netzwerk Attac[5] Neoliberalismus ganz im Sinne der Mouffeschen Theorie als hegemoniale Macht – und als Quelle allen Übels auf der Welt. Die Hegemonie des Neoliberalismus wird als eine „Ideologie" verstanden, nach der sich gesellschaftliche Probleme am besten lösen lassen, indem man sie dem Markt und den Privatunternehmen überlässt (Attac 2006a: 1). In einem Selbstverständnispapier beschreibt die Bewegung ihren Grundkonsens: „Attac lehnt die gegenwärtige Form der Globalisierung, die neoliberal dominiert und primär an den Gewinninteressen der Vermögenden und Konzerne orientiert ist, ab: Die Welt ist keine Ware" (Attac 2006b: 1). Sie kritisiert die „hegemonialen Interessen" der Industriestaaten auf dem Rohstoffmarkt sowie die Politik der „neoliberalen Institutionen" IWF, Weltbank und WTO (Attac 2006a: 1). Die neoliberale Globalisierung, so die Analyse von Attac,

> „hat sehr viele Verlierer und nur wenige Gewinner hervorgebracht. Sie begünstigt damit politische Destabilisierung und ist ein Grund für Gewalt, Krieg und Terrorismus. Dies führt zur Rechtfertigung von weltweiter Aufrüstung, von Militarisierung und zur Aushöhlung demokratischer Rechte" (Attac 2006a: 1).

Neben den genannten Punkten zählt das Netzwerk Arbeitslosigkeit, Armut, Geschlechterungerechtigkeit, Umweltzerstörung, und kulturelle Verarmung zu den Folgen (Attac 2006a: 1.). Vor allem die Kluft zwischen Arm und Reich vergrößere sich – sowohl

---

[5] Der Name Attac stand bei der Gründung im Jahre 1998 für „Association pour une taxation des transactions financières pour l'aide aux citoyens" (dt.: „Vereinigung zur Besteuerung von Finanztransaktionen im Interesse der Bürger"). Mittlerweile hat sich die Bewegung thematisch weit über das ursprüngliche Ziel der Einführung einer Tobinsteuer verbreitet. Sie beschreibt sich selbst als „innovatives Projekt, das nicht ohne weiteres in die Kategorien Netzwerk, Verbandsinternationale, NGO oder Bewegung passt" (Attac 2006b: 4).

innerhalb der Gesellschaften als auch zwischen Nord und Süd. Anstatt das „neoliberale Versprechen" von mehr Wohlstand für alle einzuhalten, habe sich die Situation im Gegenteil also spürbar verschlechtert (Attac 2011: 1). Der „Motor" für diese Art von Globalisierung seien die internationalen Finanzmärkte und die kapitalistische Wirtschaftsweise (Attac 2011: 1). Das Credo der Bewegung beschreibt ihre gegenhegemoniale Position: „[E]ine andere Welt ist möglich" (etwa Attac 2011). In einer Erklärung streitet das Netzwerk „für eine demokratische Kontrolle der Finanzmärkte" (Attac 2006a) und betont, bei allen Themen stehe die Entwicklung von Alternativen im Vordergrund (Attac 2006b: 2)[6]. Es geht dem Netzwerk, in den Worten von Brand und Wissen, um nichts weniger als „praktische Veränderungen von Arbeits-, Lebens-, und Vergesellschaftungsformen" (Brand/Wissen 2002: 114). Neoliberaler Politik werden „Kategorien der Gerechtigkeit, Diversität gegen Monokultur, eine Demokratisierung der Verhältnisse (wobei unklar ist, ob dies über die grundlegende Veränderung oder gar Abschaffung internationaler politischer Institutionen erfolgen soll) u.a. entgegen gestellt" (Brand/Wissen 2002: 105).

---

[6] Ein aktuelles Beispiel für die Suche nach Alternativen bildet das „Forum der Völker" in Nizza, welches Attac im Rahmen der Proteste gegen den G-20-Gipfel in Cannes organisierte. Die Demonstrationen unter dem Motto „Zuerst die Menschen, nicht die Finanzen" wurden auf dem Forum von Diskussionen über finanzmarktpolitische Themen begleitet (D-Radio 2011). Zentraler Diskussionsgegenstand als auch Hauptforderung der Demonstranten in Nizza war die 12 Jahre alte Attac-Forderung nach der Einführung einer (internationalen) Steuer für Geschäfte auf dem Kapitalmarkt (Tagesschau vom 1. November 2011). Ein weiteres Beispiel ist die Attac-Kampagne gegen Public Private Partnerships (PPP). Zentrale Forderung dieser Kampagne ist die sofortige Offenlegung aller PPP-Verträge, welche unter das Betriebsgeheimnis der beteiligten Unternehmen fallen. Attac klärt über die negativen Folgen von PPP allgemein auf und organisiert Proteste gegen PPP-Projekte auf lokaler Ebene. Die zuständige AG Privatisierung hat dazu ein Internetportal über alle in Deutschland stattfindenden oder sich in Planung befindenden PPP-Projekte angelegt, wo in Dossierform Hintergrundinformationen zu den einzelnen Projekten abrufbar sind.

Attac organisiert sich als internationales Netzwerk und identifiziert seine Arbeit mit einem gewissen „Internationalismus", der durch neue Kommunikationswege eine noch nicht da gewesene Chance zur länderübergreifenden Vernetzung darstelle (Attac 2006b: 2). Jedoch gibt es im Unterschied zu weltweit handelnden Nichtregierungsorganisationen keine zentrale Organisationsstelle – jede nationale Attac Organisation arbeitet eigenständig und „ist […] für sich selbst verantwortlich" (Attac 2006b: 2). Zusammenarbeit zwischen den nationalen Organisationen wird am ehesten als *ad hoc* Protest im europäischen Kontext realisiert, wie das Beispiel des Nizza-Gipfels 2011 (vgl. Anm. 5) belegt. Eine dauerhafte internationale Zusammenarbeit hat es bisher aber nicht gegeben. Für *Attac international* spielen die jährlich stattfinden Weltsozialforen jedoch eine wichtige Rolle (Brand/Wissen 2002: 109). Gehen Ulrich Brand und Markus Wissen noch von einer wichtigen Vernetzungsfunktion durch die Europäischen Sozialforen aus, muss diese Ansicht heute relativiert werden, da diese mittlerweile nur noch alle zwei Jahre stattfinden. Man kann bei Attac daher eher von einer autonomen dezentralen Netzwerkstruktur als im Mouffeschen Sinne von einem „Europäischen Projekt" sprechen.

Streitbar ist, ob Attac im Sinne des Mouffeschen „Kommunalitäts"-Konzepts in der Lage ist einen Demos zu initiieren. Das Netzwerk hat sich von Anfang an erfolgreich um die Mobilisierung einer breiten Basis bemüht (Brand/Wissen 2002: 109) und zählt heute etwa 90.000 Mitglieder in 50 Ländern (Attac 2011: 1). Die Identifizierung mit Attac ist über Ländergrenzen hinaus verhandelbar. Brand und Wissen sprechen von der globalisierungskritischen Bewegung nach den Ereignissen von Seattle 1999 vorsichtig von einem „Bewusstsein von etwas Neuem" und „einem – bei aller Heterogenität – möglicherweise kollektiven Subjekt" (Brand/Wissen 2002: 105). Hierin allerdings einen „Demos" heranwachsen zu sehen, halten wir für fehlgeleitet und glauben, dass auch Chantal Mouffe die Idee eines räumlich allzu weit über den Globus verstreuten Demos – der ja noch immer Volk im Sinne von Staatsvolk meint – ohne feste lebensweltliche Zusammenhänge zwischen seinen Elementen zurückweisen würde. Die Bewegung postuliert ihre Idee der „internationalen Solidarität von unten" (Attac 2011: 2) und versucht deutlich spürbar, eine top-down Steuerung von Einzelpersonen zu umgehen.[7] Mit anderen Worten: Attac bemüht sich bewusst, Ideenvielfalt gegen Homogenisierungstendenzen auszuspielen. Für die Bildung eines Demos im Sinne der Moufffeschen Kommunalität wäre eine gewisse Homogenität jedoch vonnöten. Von (Werte-)Pluralismus hingegen kann man bei Attac im wahrsten Sinne sprechen, er ist *das* Merkmal des Netzwerks. Durch die dezentrale Organisation allein ist eine starke Heterogenität strukturell angelegt, der sich auch in der Außenwirkung des Netzwerks widerspiegelt: Kulturelle Vielfalt – durch eine ökonomisch mächtige Kulturindustrie bedroht – müsse erhalten bleiben (Attac 2006a: 1). In ihrem Selbstverständnispapier fordert die Bewegung „Weltanschaulichen Pluralismus" und geht explizit davon aus, dass Vielfalt Stärke bedeute[89].

---

[7] Interessanterweise ist es der Bewegung seit nunmehr zwölf Jahren Existenz gelungen, der „Gefahr" aus dem Weg zu gehen, durch die Identifikation von „Gesichtern" bestimmte – scheinrepräsentative – „Stars" der Bewegung zu präsentieren (Brand/Wissen 2002: 104). Beobachter argumentieren allerdings, dass dies nur teilweise gelinge, indem „Attac-Protagonisten" bereits wüssten, wo es langgehe und damit in ihrem Handeln in gewisser Weise dem Attac-Anspruch, Ort für Lern und Erfahrungsprozesse zu sein widersprächen (Brand/Wissen 2002: 109-110).

[8] „Wer bei Attac mitmacht, kann christliche oder andere religiöse Motive haben, AtheistIn, HumanistIn, MarxistIn sein oder anderen Philosophien anhängen. Attac hat keine verbindliche theoretische, weltanschauliche, religiöse oder ideologische Basis. [sic!] und braucht eine solche nicht. Vielfalt ist eine Stärke" (Attac 2006b: 1).

[9] Kritische Einwände sehen jedoch einen Widerspruch zwischen proklamierter Pluralität und konkreten Einflüssen großer Nichtregierungsorganisationen bei Attac: „Bislang jedenfalls macht sich Attac u.E. noch zu wenig das Spannungsverhältnis zwischen dem großen Einfluss der NGOs einerseits sowie der proklamierten inhaltlichen Offenheit und organisatorischen Vielfalt andererseits bewusst. Die Rede vom weltanschaulichen Pluralismus und vom innovativen Organisationstypus könnte sich als ‚Ideologie der Ideologielosigkeit' erweisen" (Brand/Wissen 2002: 110).

Für Brand und Wissen gehört eine gewisse „Politisierung [von] Widersprüche[n]" (Brand/Wissen 2002: 106) im Sinne einer ständigen konstruktiven Reflexion zum Wesen der Bewegung. Diese fände „in einem keineswegs klar abgesteckten Feld statt, sondern sei ein dynamischer Prozess, der u.a. von internen Konstellationen, Situationsdeutungen, eigenen Strategien und solchen der Gegner abhängig ist." (Brand/Wissen 2002: 106). Man verortet sich also bewusst im Umfeld seiner politischen Gegner. Jedoch ist fraglich, ob man diese Positionierung im Sinne einer agonistischen Beziehung zu Gegnern als legitimen Feinden interpretieren kann. Dies ist auch mit dem Problem verbunden, dass sich über Attac – anders als bei Geert Wilders – keine generalisierbaren Aussagen über *das* Netzwerk als solches treffen lassen. Zumindest einzelne Gruppierungen innerhalb der Organisation entsprechen eher einer Schmittschen Antagonismuskonzeption als dem Mouffeschen Agonismus. Diese konstruieren ein „Wir" (Globalisierungskritiker), welche dem „Anderen" (neoliberales Establishment) keine Existenzberechtigung einräumen (Berliner Morgenpost 2010). Eine Gegnerschaft im Mouffeschen Sinne deutet sich jedoch in der ständigen Betonung des Netzwerks an, sich nicht per se als Feind der Globalisierung an sich, sondern als Kritiker ihrer neoliberalen Ausprägung zu verorten (beispielsweise Attac 2006b). In der – wenn auch impliziten – Anerkennung des Politischen als Ort von Macht, Konflikt und Antagonismus, wird die neoliberale Globalisierung somit zum legitimen Feind. Was nicht heißt, dass dieser nicht an allen Fronten bekämpft werden soll.

Geert Wilders

Geert Wilders wurde bereits die „nationale Obsession" der Niederlande genannt (Vossen 2011: 80). Mit seiner exzentrischen Persönlichkeit und islamfeindlichen Äußerungen, die in seiner Forderung nach einer „Kopf-Lumpen-Steuer" mündeten, ist er als das

Gesicht seiner PVV (Partij voor de Vrijheid)[10]zum bekanntesten Politiker der Niederlande geworden.

Mouffes und Wilders' Vorstellung einer gegenhegemonialen Opposition weisen zumindest theoretisch einige Gemeinsamkeiten auf. Wilders' Rhetorik zielt gegen die „homogene" politische Elite, die er als einen „Block" bezeichnet, der „Problemen am liebsten aus dem Weg" gehe (Vossen 2011: 95). In Wilders' Analyse, nach der die bestehende politische „Klasse" Probleme systematisch de-politisiere, überschneidet er sich mit Mouffes Kritik am Liberalismus. Mouffe legt ihr Augenmerk auf eine Re-Etablierung der politischen Kategorien Links und Rechts. Wilders scheut sich nicht vor diesen Begriffen und spricht von seinen politischen Gegner auch als „linke Clique" (Vossen 2011: 95). Antagonistische Kanäle werden insoweit von Wilders besetzt, als dass seine Rhetorik davon geprägt ist, dass er sich als einzig wahre Alternative zur bestehenden politischen „Klasse" präsentiert.

Wilders grenzt sich gegen ein „übertriebenes Streben nach gesellschaftlichem Konsens" ab, der „sozioökonomischen Aktivitäten die Dynamik" raube (Wilders zitiert nach Vossen 2011: 85)[11]. Wilders teilt Mouffes Aversion gegenüber dem konsensorientierten Politikverständnis, das das eigentlich Politische negiere und damit der Demokratie schade. Da beide aus zwei ganz unterschiedlichen politischen Positionen heraus argumentieren, sind allerdings ihre Schlussfolgerungen sehr unterschiedlich. Mouffes Befürchtung nach einem Erstarken des Rechtspopulismus durch das Verschwinden der Links-Rechts-Unterscheidung ist in Gestalt von Geert Wilders personifiziert. Dieser kritisiert aus einer Position rechts von der übrigen Parteienlandschaft der „selbstzufriedenen

---

[10] Aufgrund der straffen Führungsstruktur der PVV kann aus Sicht Koen Vossens (2011) die Partei mit ihrem einzigen Mitglied Geert Wilders synonym verwandt werden. Wir werden uns diesem Vorschlag im Folgenden anschließen.

[11]Wie hier behauptet Wilders auch höchst umstrittene Verbindungen zwischen dem Islam und dem Faschismus und einer ansteigenden Kriminalitätsrate im Zusammenhang der Mitgliedschaft der Türkei in der EU (Vossen 2011: 93).

Elite", die einen übertriebenen Hang zum politischen Konsens hätte (Wilders zitiert nach Vossen 2011: 87). Wilders' Positionen im Kontext einer gegenhegemonialen Position zu beschreiben ist insofern nicht zutreffend, als dass seine politischen Äußerungen populistischen Charakter haben[12].

Trotz seiner internationalen Vernetzung kann Wilders als ein Integrationsgegner der Europäischen Union und Nationalist beschrieben werden. Schon 2006 schrieb er in seinem Buch „Kies voor Vrijheid" („Entscheide dich für die Freiheit"), dass die Niederlande nicht fortbestehen könnten, wenn der eingeschlagene Weg nicht verlassen würde. Die bestehenden Verhältnisse in den Niederlanden beschreibt er folgendermaßen:

> „Ein Land, das im Begriff ist, sich von seinen jahrhundertealten Wurzeln zu verabschieden und diese für Multikulturalismus, Kulturrelativismus und einen europäischen Superstaat einzutauschen, und dies alles unter der Führung einer selbstzufriedenen Elite, die den Weg schon längst verloren hat [...]" (Wilders zitiert nach Vossen 2011: 87) .

Wilders rückt die Frage der Europäischen Integration in den Kontext des Nationalismus. Ein fortschreitender Integrationsprozess führe zur „Überfremdung" der Niederlande; dies widerspricht Wilders' Konzeption des Volkes (Wilders zitiert nach Vossen 2011: 80). Diese lehnt sich stark an den Volksbegriff an, den Carl Schmitt vorschlägt. Von einem Volk könne nach Schmitt nur dann zu sprechen sein, wenn es nach innen homogen und nach außen klar im Sinne einer „Freund-Feind-Beziehung" abzugrenzen sei. Die Existenz eines Außen ist somit immer konstitutiv für die „Wir"-Bestimmung nach Schmitt (Mouffe 2008: 52). In diesem Zusammenhang lassen sich auch Wilders' Äußerungen verstehen, der die Tradition und westlichen Werte der Niederlande in feindliche Beziehung etwa zum Islam rückt[13]. Wie Schmitt rekurriert auch Wil-

---

[12] Wilders' letzter Wahlkampf fokussierte sich auf antieuropäische Ressentiments.

[13]In diesem Zusammenhang schlägt Wilders Maßnahmen wie etwa die Möglichkeit zum Ausrufen des Notstandes, Vorbeugehaft und Verwaltungshaft vor (Vossen 2011: 89).

ders auf eine manifeste Form eines Demos. Für beide ist die demokratische Idee des Volkes nicht mit der universalistischen Idee des Liberalismus vereinbar (Mouffe 2008: 29; Vossen 2011: 85). Wilders steht der Mouffeschen Position des sich ständig neu verhandelnden Volksbegriffs entgegen, indem er die muslimische Religionsgemeinschaft nicht in den Niederlanden anerkennen möchte (Vossen 2011: 94-95). Dies artikuliert er durch islamkritische oder mitunter islamfeindliche Aussagen. So spricht er von einer „massiven" Zuwanderung in die Niederlande als eine „Kolonisierungs- und Unterwerfungsstrategie" (Vossen 2011: 94-95). Auf der anderen Seite nimmt er Bezug auf ein Volk, das „mit Füßen getreten" sei, da die „Massenzuwanderung" hohe Kosten verursache (Vossen 2011: 97). Einer Anerkennung von Pluralismus im Mouffeschen Sinne steht Geert Wilders damit diametral entgegen.

Nach Mouffes Verständnis sind Antagonismen „konstitutiv" für die Sphäre des Politischen (Mouffe 2007: 16). Wilders lässt ein ähnliches Verständnis des Politischen erkennen. Wie Mouffe kritisiert er politische Parteien, die seiner Ansicht nach durch „übertriebenes Streben nach Konsens" den Niederlanden Schaden zufügen würden (Vossen 2011: 85). Konsensuale Formen von Demokratie, wie sie sich bei Habermas finden lassen, lehnen beide ab. Mouffe spricht davon, dass ein Konsens nur von temporärem Charakter sein kann. Ähnliches deutet sich bei Wilders an, der Konsens häufig mit Stillstand oder Rückschritt gleichsetzt (Vossen 2011: 85). Als erklärter Feind des Islam finden sich allerdings wiederum Schnittmengen mit Schmitt, der das Politische durch eine Freund-Feind-Konfiguration gekennzeichnet sieht (Mouffe 2008: 16). Wilders konstruiert hier ein „Wir" durch seine Bezugnahme auf das Volk und grenzt sich gleichzeitig von einem islamischen „Anderen" ab. Wahlweise bezieht er sich auf die binäre Opposition von „der korrupten Elite" und „dem tugendhaften Volk" oder er polemisiert gegen die islamische Glaubensgemeinschaft, indem er sie als Anhänger einer „faschistischen Ideologie" bezeichnet, die freiheitlich westlichen Werten gegenüberstehe (Vossen 2011: 93). Dies lässt sich mit Mouffes Idee eines „konfliktorischen Konsens" nicht vereinbaren, der die Anerkennung eines „legitimen Feindes" voraussetzt.

Fazit

Dass das globalisierungskritische Netzwerk Attac der Mouffeschen Theorie politisch näher steht als die Ideologie des Rechtspopulisten Geert Wilders, legt die Ausgangsvermutung nahe, dass sich bei Attac größere Schnittmengen mit Mouffes Voraussetzung für erfolgreichen Protest finden lassen. Diese Vermutung bestätigt sich in der gemeinsamen Kritik am „Wahrheitsregime" (Foucault) des Neoliberalismus. Mouffe prangert wiederholt dessen hegemoniale Stellung an und spricht sich für eine offene Gegnerschaft aus. Dieser Agonismus zum Neoliberalismus ist die politische Idee, aus der Attac einst geboren wurde und die sich bis heute nicht wesentlich verändert hat.

Auch in der Auseinandersetzung mit der PVV ist Mouffes Vorgehen, sich gegen politische Gegner abzugrenzen, sehr hilfreich. Unsere Analyse zeigt, dass Wilders' Verständnis des Politischen dem Konzept Carl Schmitts entlehnt ist. Dank Mouffes Vorgehen ist es uns gelungen, verschiedene demokratietheoretische Vorstellungen anhand ihres Vergleiches zwischen dem deliberativen und dem antagonistischen Modell besser zuzuordnen. Ihre Abgrenzungen von anderen Theoretikern erleichtert es, Protestorganisationen entlang eines Schemas einzuordnen. Allerdings hat diese idealtypisierende Vorgehensweise auch entscheidende Nachteile. So ist Mouffes Behauptung eines „Endes der Sozialdemokratie" (bspw. Mouffe 2008: 80-84) eine sehr pauschale Analyse. Sozialdemokratische Parteien in Europa sollten sich klarer vom eingeschlagenen neoliberalen Kurs abgrenzen und Alternativen aufzeigen. Ihre Kritik an rechter Demagogie ist aus unserer Perspektive deshalb gefährlich, da ihrer pauschalisierenden Vorgehensweise leicht der Vorwurf des linken Populismus zu machen ist. So wird eine Polemik gegen „die" Sozialdemokratie in Europa höchstwahrscheinlich nicht auf jede sozialdemokratische Partei zutreffen.

Literatur

Attac (2006a): Attac-Erklärung für eine demokratische Kontrolle der Finanzmärkte, Attac Bundesbüro, Frankfurt am Main

Attac (2006b): Das Selbstverständnis von Attac. Zwischen Netzwerk, NGO, und Bewegung – 8 Thesen, Attac Bundesbüro, Frankfurt am Main

Attac (2011): Wer wir sind und was wir wollen, Attac Bundesbüro, Frankfurt am Main

Berliner Morgenpost (2010): Der Feind heißt Globalisierung, online: http://www.morgenpost.de/printarchiv/politik/article1243265/Der-Feind-heisst-Globalisierung.html [07.11.11]

Brand, Ulrich und WISSEN, Markus (2002): Ambivalenzen praktischer Globalisierungskritik: Das Beispiel ATTAC, in: Kurswechsel 3/2002, S. 104-115

D-Radio (2011): Deutschlandradio Kultur: Attac. Der Mensch ist wichtiger als die Finanzwirtschaft - Hugo Braun über den Gegengipfel zur G20, online: http://www.dradio.de/dkultur/sendungen/interview/1595239/ [07.11.2011]

Mouffe, Chantal (2007): Über das Politische. Wider die kosmopolitische Illusion, edition suhrkamp, Frankfurt am Main

Mouffe, Chantal (2008): Das demokratische Paradox, Turia + Kant, Wien

Nonhoff, Martin (2007) (Hrsg.): Diskurs – radikale Demokratie – Hegemonie. Zum politischen Denken von Ernesto Laclau und Chantal Mouffe, transcript, Bielefeld

Schmitt, Carl (1932): Der Begriff des Politischen, Duncker & Humblot, München und Leipzig

Tagesschau der ARD vom 1. November 2011, online http://www.tagesschau.de

Vossen, Koen (2011): Vom konservativen Liberalen zum Nationalpopulisten. Die ideologische Entwicklung des Geert Wilders, in: Wielenga, Friso; Hartleb, Florian (Hrsg.): Populismus in der modernen Demokratie. Die Niederlande und Deutschland im Vergleich, Waxmann, Münster, S. 77-103

Die „Wende" als Kehrtwende – Christoph Heins literarischer Protest gegen die Essentialisierung von „1989"

Torben Fischer

1. Einleitung: „1989" – ein Topos und seine Gesichter

Der Fall der Berliner Mauer, das Tiananmen-Massaker in China oder der Abzug der sowjetischen Truppen aus Afghanistan – „1989" stellt sich als Projektionsfläche verschiedener politischer Erfahrungs- und Bewertungshorizonte dar. Im deutsch-deutschen Geschichtsdiskurs firmiert der Topos „1989", begriffen als „Gemeinplatz" für spezifische Formen von „Denk- und Ausdrucksschemata" (Wilpert 1979: 843) zumeist unter dem Label der „friedlichen Revolution", in der die DDR-Bürger „für Freiheit, Menschenrechte und echte Demokratie […]"(Köhler 2009) kämpften und an deren Ende die Deutsche Einheit stand. Dennoch ist die „Charakterisierung der historischen Ereignisse" (Kowalczuk 2009: 537), das Ringen um die Deutungshoheit bzw. die Manifestation eines konsensualen Diskurses, bis heute der Kerngegenstand der bundesdeutschen Debatte über „1989" (Emmerich 1991: 332f.). Denn: „objektive Geschichtserkenntnisse gibt es nicht, höchstens objektive Geschichtskenntnisse" (Kowalczuk 2009: 537), oder wie Ulrich Greiner bezüglich des deutsch-deutschen Literaturstreits im Jahr 1990 feststellte:

> „Es geht um die Deutung der literarischen Vergangenheit und um die Durchsetzung einer Lesart. Das ist keine akademische Frage. Wer bestimmt, was gewesen ist, der bestimmt auch, was sein wird. Der Streit um die Vergangenheit ist ein Streit um die Zukunft." (Greiner 1990)

In diesem Diskurs um die Bewertung von „1989" nehmen die Schriftsteller der DDR bis heute eine zentrale Position ein. Als Chronisten des DDR-Alltags begleiteten sie eine bedeutende Öffentlichkeitsfunktion und fungierten dadurch als wichtiges Sprachrohr und Bindeglied zwischen den DDR-Bürgern und der west-deutschen Bundesrepublik. Einer der wirkungsmächtigsten Perso-nen in diesem Kontext war Christoph Hein, der in den 1980er Jah-ren mit Büchern wie „Der fremde Freund"[1] (1982) oder „Horns Ende" (1985) zu einem der wichtigsten DDR-Autoren avancierte und darüber hinaus als dezidierter Kritiker an den Lebens- und Arbeitsbedingungen in der DDR auftrat. Daher galt Hein in Ost- wie Westdeutschland lange Zeit als Prototyp des politischen Schriftstellers (Rosellini 1994: 489).

Im Folgenden wird die Parabel „Kein Seeweg nach Indien", die Hein im Winter 1990 – etwas mehr als ein Jahr nach dem Fall der Berliner Mauer - veröffentlichte, mit dem Ziel analysiert, das darin formulierte Verständnis von „1989" herauszuarbeiten. Es wird sich zeigen, dass Hein bereits 1990 im Gegensatz zu vielen seiner Zeit-genossen einen weitaus kritischeren Blick auf die „Wende" richte-te. Heins Kritik an der Essentialisierung des Topos „1989", so das Fazit des Artikels, verdeutlicht die anhaltende Notwendigkeit zu einer produktiven wie kritischen Auseinandersetzung mit den gesellschaftspolitischen Transformationsprozessen der Wendezeit.

2. Christoph Hein, die DDR und die „Wende"

Christoph Hein gehört zur dritten Autorengeneration der DDR, welche ab Mitte der 1960er Jahren in Erscheinung zu tretenbeginnt. Folgt man der Argumentation Wolfgang Emmerichs, so ist für die-se Autorengeneration kennzeichnend, dass ihr literarisches Werk als „Medium radikaler Zivilisationskritik" fungierte, indem „die östlich-sozialistische Spielart einer menschenfeindlichen instru-mentellen Vernunft" (Emmerich 1991: 335) kritisch ins Visier ge-nommen wurde. Anders als die zweite Autorengeneration um Hermann Kant, Erwin Strittmatter und Franz Fühmann war die Autorengeneration um Hein nicht mehr daran interessiert, „[...]

---

[1] Aufgrund des Titelschutzes erschien „Der fremde Freund" in der BRD 1983 unter dem Titel „Drachenblut".

den sozialistischen Offizialdiskurs mit ästhetischen Mitteln fortzu-
schreiben, auszuschmücken und für das Volk attraktiver zu machen" (Emmerich 1991: 332), sondern die Missstände, Verwerfun-
gen und das Auseinanderdriften zwischen sozialistischem Ideal
und den Bedingungen des „real existierenden Sozialismus" darzustellen und zu kritisieren. Gleichwohl die meisten DDR-Literaten
der dritten Generation als Oppositionelle oder Kritiker des SED-
Regimes auftraten, ist festzustellen, dass „die Selbstbindung ans
System „realer Sozialismus" zwar löchrig und ambivalent" (Emmerich 1991: 335) war, aber nie gänzlich verworfen wurde:

> „Obwohl sie wussten das ihr Gott keiner mehr war, konservierten sie die
> „Epochenillusion" vom „wahren Sozialismus", indem sie sein Bild in den
> Schrein der Utopie einschlossen: also dessen, das keinen Ort hat, aber
> doch sein soll." (ebd.: 336)

Hein und ein Großteil der anderen DDR-Literaten übten dem-
nach zwar Kritik an der politischen Realität in der DDR (fehlende
Presse- und Meinungsfreiheit, Verstöße gegen die Bürger- und
Menschenrechte etc.), stellten jedoch nicht den Kommunismus
bzw. Sozialismus in seiner Gesamtheit in Frage (Schröter 2001: 35).
Den Maßstab der Kritik bildete nicht der Blick nach Westen in die
BRD, die USA oder nach Frankreich, sondern der Vergleich der
DDR mit der selbsterzeugten Utopie eines „wahren" Sozialismus[2].
Die kritische Haltung eines Großteils der DDR-Literaten erwuchs
somit nicht aus der Bejahung einer westlich-kapitalistischen De-
mokratieform, sondern aus der Negation der sozialistischen All-
tagsrealität. Dies zeigt sich u.a. an der Rolle Heins im Herbst 1989
sowie seinen Kommentaren während und nach der Vereinigung
von DDR und BRD im Oktober 1990 (Schröter 2001: 35 ff.). In seinen Reden spricht sich Hein für die Reformierung des Staatssozialismus hin zu einem „wahren Sozialismus", aber auch für die Ei-

---

[2] Bernhard Spies weist richtigerweise darauf hin, dass je nach Gesinnung und
Verständnis der Akteure relativ offen bleibt, was unter einem „wahren Sozialismus" bzw. einem „Sozialismus mit menschlichem Antlitz" zu verstehen sei (Spies
1994: 394).

genständigkeit der DDR und gegen eine vorschnelle Wiedervereinigung, aus. Dies mag vor dem Hintergrund der harschen Kritik an
den politischen und gesellschaftlichen Verhältnissen in der DDR
verwundern, gewinnt jedoch an Plausibilität, wenn man die Inten-
tion vieler DDR-Intellektueller und Schriftsteller berücksichtigt:

> „Die Beschwörung der Reformierbarkeit/Reformulierbarkeit des Projekts
> SOZIALISMUS selbst dann noch, als dieses Projekt schon längst nicht
> mehr zu retten war [...] aus Furcht, mit seinem Zusammenbruch mehr zu
> verlieren [...] nämlich den in seinem Entwurf ja immer gesehenen und auf-
> recht erhaltenen Traum von einer menschlicheren, gerechteren Welt."
> (Hörnigk 1991:. 317)

Trotz aller Kritik an der politischen Realität teilten Hein und eine Vielzahl der „DDR-Intelligenz" eine fundamentale Ansicht mit
der SED-Führung: Den Gedanken der moralischen Überlegenheit
des Sozialismus gegenüber der westlich-kapitalistischen Welt (Niven 1995: 694). Wie die gesellschafts- und wirtschaftspolitische Gestalt einer „neuen" DDR bzw. BRD aussehen sollte, blieb indes unklar (Schröter 2001: 34). Dennoch wurde Hein auch nach der deutschen Vereinigung nicht müde, die „verluderte Selbständigkeit"
der DDR und das Abhandenkommen der Demonstrationsideale zu
kritisieren (Schröter 2001: 36).

3. „Kein Seeweg nach Indien" - Heins literarische Sicht auf „1989"

Der Text „Kein Seeweg nach Indien" erschien am 30.11.1990 in
der von Hein mitherausgegebenen Wochenzeitung „Der Freitag".
Ein Jahr nach dem „Revolutionsjahr" 1989 veröffentlicht, handelt
es sich gleichsam um eine parabelhafte, unter den noch frischen
Impressionen von Mauerfall, Wiedervereinigung und Zusammen-
bruch des sozialistischen Ostblocks entstandene erste wertende
Bilanz. Die Textsorte Parabel ist dadurch gekennzeichnet, dass sie
„keine direkte Verknüpfung (so: wie) mit dem zu erläuternden
Objekt enthält, wenngleich sie das Beziehungsfeld erkennen läßt,
sondern vom Gegenstand abgelöst zur selbstständigen Erzählung

wird" (von Wilpert 1979: 580). Es gilt somit zunächst die Geschehnisse der Bildebene (3.1) in das „eigentlich Gemeinte" " – die Sach-
ebene (3.2) – zu übersetzen, bevor eine Analyse der ideengeschicht-
lichen Inhalte der Parabel erfolgt (3.3).

3.1 Die Bildebene

Nach dem „großen Krieg" versucht ein kleiner Personenkreis,
angeführt vom „Großen Kapitän" den Seeweg nach Indien ausfin-
dig zu machen, da dort das „Paradies" zu finden sei (Hein 1990:
13). Nur aufgrund zwanghafter Umstände und zahlreicher Repres-
sionen entschließt sich die Mehrzahl der Schiffsbesatzung der Vision des „Großen Kapitäns" zu folgen, während der große Teil der
Daheimgebliebenen das Auslaufen der Schiffe und die „großmäu-
ligen Losungen" mit „Hohn und Spott" (Hein 1990: 13) verabschiedet. Durch Agitation versucht der große Kapitän das Schiffsvolk für sich zu gewinnen und seine Autorität zu wahren. Die wid-
rigen Reiseumstände führen jedoch zu Meutereien auf einzelnen
Schiffen, die auf Befehl des „Großen Kapitäns" blutig niederge-
schlagen werden. Der „Große Kapitän" beauftragt daraufhin Spit-
zel, welche das Schiffsvolk beobachten und Bericht erstatten sollen.
Ratschläge von engen Freunden und Beratern über mögliche Kurs-
änderungen werden vom großen Kapitän abgewiesen und mit dem
Tod bestraft. Die frohen Meldungen der Daheimgebliebenen über
den ansteigenden Wohlstand und das „bunte Leben" (Hein 1990:
14) werden als Propaganda denunziert, wenngleich das Schiffsvolk
die alten Losungen des „Großen Kapitäns" verlacht und die Rückkehr in die Heimat herbeisehnt.

Der Versuch eines „Kleineren Kapitäns" durch Kursänderung
einen neuen Weg zum Paradies anzusteuern, wird vom „Großen
Kapitän" niedergerungen, ebenso wie die Moral der Schiffsmann-
schaft, die daraufhin eine noch größere Sehnsucht nach der Heimat
verspürt. Eines Morgens erscheint der „Große Kapitän" an Deck
und erblickt im Fernglas nicht wie gewohnt den verfolgten Seeweg
nach Indien, sondern nur „noch die Wellen", denn im Herzen hatte
er „längst aufgegeben, danach zu suchen" (Hein 1990: 15). Darauf-

hin bricht noch in derselben Nacht ein Aufstand auf allen Schiffen aus, sodass Kapitäne und Offiziere abgesetzt und ein „besonders verhaßter sofort an den Mast geknüpft" (Hein 1990: 16) wird. Unter neuer Leitung machen die Schiffe kehrt und treten die Reise in die alte Heimat an, wo sie zunächst jubelnd empfangen werden (Hein 1990: 16).

Nach Durchsicht der Schiffe haben die „Daheimgebliebenen" jedoch die Sorge, die Folgelasten der Reise nicht schultern zu können und der Enthusiasmus weicht einer gewissen Skepsis gegenüber den „Rückkehrern". Auch können die Forderungen der Heimkehrer nach einer neuen gemeinsamen Losung ("Wir sind das Volk"), welche die „Wende" Richtung Heimat herbeiführte, nicht durchgesetzt werden (Hein 1990: 16).Eine neue Losung wird verfasst, die man besser unterschreibt, um nicht als Getreuer des „Großen Kapitäns" zu gelten. Die Schiffsschreiber als „Chronisten der Narrenschiffe" (Hein 1990: 18) können nun nach langer Zeit endlich wieder dem Schreiben nachgehen und müssen nicht mehr als Sprachrohr oder Zitationsquelle für Widerständler herhalten. So endet der Text mit der Erkenntnis, dass die Reise für die Schreiber nicht umsonst gewesen sei: „[...] wir wurden gebraucht auf den Schiffen, und wir haben eine Erfahrung gemacht" (Hein 1990: 19), über die es zu schreiben lohnt.

3.2 Die Sachebene

Aufgrund der Struktur als Gleichniserzählung mit unterschiedlichen Gegenstandsbereichen, ist die Parabel durch eine prinzipielle Unabschließbarkeit der Interpretation gekennzeichnet, die einen einzigen Sinn oder eine einzige schlüssige Interpretation nicht zulässt. Dennoch lassen sich gewisse Analogieschlüsse ermitteln, in welcher die Interpretation von „Kein Seeweg nach Indien" im Kontext der Deutung von „1989" als politischer Topos sinnvoll erscheint. So lässt sich der „große Krieg" vor dem Hintergrund der geschichtlichen Ereignisse des 20. Jahrhunderts als Zweiter Weltkrieg zurückübersetzen. Während die „alten Karten" und „der Palmenstrand" als Metaphern für die kommunistische Ideologie einer klassenlosen Gesellschaft identifiziert werden können, gestaltet sich der Analogieschluss bezüglich des „Großen Kapitäns" bedeutungsoffener. Die Rolle des „Großen Kapitäns" erlaubt eine ideologisch-strukturelle sowie eine historisch-politische Lesart. Die Bezeichnung ideologisch-strukturell bezieht sich hierbei auf die Funktion der Partei innerhalb des Kommunismus. Folgt man dieser Lesart, so ist unter dem „Großen Kapitän" keine einzelne Person, sondern die kommunistische Partei als oberstes Organ des „real existierenden Sozialismus" zu verstehen:

> „Die kommunistische Herrschaftsform, wie sie in der ehemaligen Sowjetunion und den übrigen Staaten des »real existierenden Sozialismus« etabliert wurde, beruht auf der führenden Rolle der kommunistischen Partei, die über das hierarchische Prinzip des Demokratischen Zentralismus die staatlichen und gesellschaftlichen Aktivitäten lenkt und die Produktion kollektivistisch organisiert." (Roth 2003: 248)

Die Interpretation des „Großen Kapitäns" als Gleichnis für die kommunistische Partei wird im Text jedoch verschieden gebrochen, beispielsweise, wenn der „Große Kapitän" die Niederschlagung der Aufstände auf den kleineren Schiffen anordnet (Hein 1990: 15). Daher spiegelt sich in der Figur des „Großen Kapitäns" nicht nur die kommunistischen Partei, sondern ebenso die sowjetische Rolle als Protektor über die Satellitenstaaten des Ostblocks. Folgerichtig stehen die „kleinen Schiffe" für die verschiedenen Staaten des Ostblocks, was sich anhand zweier Episoden innerhalb der Parabel nachweisen lässt. Die Losung des kleinen Kapitäns einen neuen Seeweg zum „Paradies" einzuschlagen (Hein 1990: 15) bezieht sich auf die Ereignisse des Prager Frühlings 1968, als der neue Parteichef der kommunistischen Partei der Tschechoslowakei Alexander Dubček einen „Sozialismus mit menschlichem Antlitz" proklamierte und politische und gesellschaftliche Reformen einleitete. An einer anderen Stelle des Textes wird im Zuge der Schiffsmeutereien, welche für die Revolutions- und Unabhängigkeitsbewegungen in den sowjetischen Satellitenstaaten im Jahr 1989 stehen, von der Hinrichtung eines besonders verhassten Kapitäns berichtet (Hein 1990: 16). Hierbei handelt es sich um den rumänischen Autokraten Nicolae Ceauşescu, der am 25. Dezember 1989 in Folge der rumänischen Revolution zusammen mit seiner Frau Elena Ceauşescu zum Tode verurteilt und hingerichtet wurde. In der Folge wird der Fokus des Textes auf die Geschehnisse in der DDR bzw. die deutsch-deutschen Ereignisse im Herbst 1989 gerichtet. In diesem Kontext lässt sich der Visionsverlust des „Großen Kapitäns" als Verkörperung des SED-Generalsekretärs Erich Honecker deuten. Weitere Indizien, dass sich die Parabel im letzten Drittel vornehmlich auf den Vereinigungsprozess in Deutschland bezieht, sind u.a. die Bezeichnung der Rückkehr der Schiffe als „Wende" sowie die Bezugnahme auf die Parole „Wir sind das Volk" (Hein 1990: 17), welche die Montagsdemonstrationen in Leipzig und anderen Städten begleitete. Der Verweis des Textes auf Artikel 1 des Grundgesetzes (Hein 1990: 17), welcher anstatt der Parole der Montagsdemonstrationen als Losung des Vertrages zwischen Heimkehrern (DDR) und Dagebliebenen (BRD) aufgenommen wird, untermauert diese Interpretation. Weiterhin wird der Einigungsprozess zwischen BRD und DDR nach dem Mauerfall vom 9. November 1989 dargestellt. Die Bezugnahme im Schlussabschnitt der Parabel auf die „Schiffsschreiber" als „Chronisten der Narrenschiffe" (Hein 1990: 18) ist als die Charakterisierung der Rolle der Literaten in den Ostblockstaaten zu erkennen, die dem Text nach in der Mehrzahl als kritisches Sprachrohr und mahnende Instanz gegen die Verbrechen der autoritären Regierungen agierten.

3.3 „1989" - Die „Wende" als Kehrtwende

Das Motiv der Schifffahrt bzw. der entlegenen Insel, die nur durch einen Zufall, eine geheime Karte oder ein Unglück (u.a. Schiffbruch) entdeckt wird, besitzt in der Geschichte der politischen Utopien eine lange Tradition, die ihren Ursprung in Thomas Morus namensgebendem Werk „Utopia" (1516) findet (Saage 1997: 53, 150ff.). Vor diesem Hintergrund scheint es nachvollziehbar, dass Hein ein solches Szenario für seine Parabel wählt, geht es ihm doch darum, die gesellschaftliche Strahlkraft des Kommunismus nach 1989 zu thematisieren. Mit dem Bild der Suche nach dem „Paradies" mit Hilfe der „uralten Karten" (Hein 1990: 13) verbildlicht Hein gleichsam das teleologische Prinzip des historischen Materialismus, demzufolge der Ablauf der Geschichte als eine durch ökonomische Prozesse gesetzmäßig bestimmte Entwicklung der menschlichen Gesellschaft definiert wird (Roth 2003: 251).

Mit der Unterscheidung in Daheimgebliebene und Entdecker grenzt Hein somit die nach 1945 dominanten politischen Blöcke voneinander ab. Die kapitalistischen Gesellschaften werden als „Daheimgebliebene", die sozialistischen Länder als „Entdecker" bezeichnet (Hein 1990: 13). Diese Charakterisierung muss einerseits im lebensweltlichen Kontext der Autorengeneration um Hein gesehen werden, welche die Schrecken der NS-Diktatur und deren Nachwirkungen miterlebten und daher den Glauben an die antifaschistische Praxis in der DDR sowie die kritische Haltung gegenüber der vermeintlich „braunen" BRD verinnerlichten. Andererseits entspricht die Zuschreibung dem Bild des Aufbruchs als Prinzip des historischen Materialismus, indem über die Zwischenstufe der sozialistischen Diktatur des Proletariats die kapitalistische Gesellschaft abgeschafft und durch ein freies Gemeinwesen kommunistischer Prägung ersetzt werden soll (Roth 2003: 251).

Bereits der erste Satz der Parabel verweist auf den autoritären Charakter des praktizierten Staatssozialismus, der auf Zwang, Repression und dem Prinzip der Parteiendiktatur beruhte: „Das Unternehmen stand von Anfang an unter einem schlechten Stern" (Roth 2003: 13). Trotz der Kritik, die in der Parabel an der Herrschaftspraxis der sozialistischen Regierungen geübt wird (u.a. Missachtung der Bürger- und Menschenrechte, Propaganda des Staatsapparates, Militarisierung der Gesellschaft), wird die Ideologie, d.h. der Glaube an ein kommunistisches „Paradies", im Text nicht verworfen. So gibt es in der Parabel keine substantielle Kritik der politischen Ideologie des Kommunismus, sondern vornehmlich an der autoritären Herrschaftspraxis der sozialistischen Regierungen. Hein stellt darauf ab, dass nicht der Glaube an ein „Paradies" – das Endziel einer klassenlosen, sozialistischen Gesellschaft – sondern der verfolgte Weg, d.h. die autoritäre Herrschaftspraxis der SED, zur sukzessiven Ablehnung des Kommunismus durch die Bevölkerung geführt hat. Die Reformer und Demonstranten von 1953, 1956 und 1968 forderten demnachnicht die Abkehr von der politischen Idee des Sozialismus, sondern eine Reformierung der autoritären Staatsstrukturen zu einem „Sozialismus mit menschlichem Antlitz". Da diese Forderungen von den Machthabern jedoch nicht aufgegriffen wurden, da die Trennlinie zwischen gesellschaftlicher Realität und ideologischer Propaganda immer größer zu werden schien, und da keine signifikanten Verbesserungen der Lebensbedingungen in Aussicht waren, erfolgte der mehrheitliche Vertrauensverlust in den „real existierenden Sozialismus" – „Verbissen und lustlos verrichteten alle ihre Arbeit und träumten von der alten Heimat […]" (Roth 2003: 15).

Es zeigt sich somit, dass der Glaube und die Hoffnung an einen reformierten Sozialismus mit dem Ziel ökonomische und politische Gerechtigkeit zu schaffen, von der Bevölkerung der DDR und den anderen Ostblockstaaten zunehmend aufgegeben wurde. Auf diesen Visionsverlust und das Verwerfen der kommunistischen Utopie zugunsten der kapitalistischen Marktwirtschaft und einer liberalen Demokratie richtet sich der Textfokus (Grub 2003: 192, 195). Zentral für die Interpretation der Parabel in Bezug auf Heins Bewertung des Topos „1989" ist dabei folgende Textstelle:

> „In der gleichen Nacht noch wurden die Steuerräder der Schiffe *herumgerissen*, so daß die alten Kähne laut ächzten und das Holz zu bersten drohte. In rascher Fahrt ging es dann *der alten Heimat* zu." (Grub 2003: 16; Herv. d. Verf.)

Die „Wende", welche explizit als solche erwähnt wird, erscheint in diesem Kontext, und somit in der Bewertung der historischen Ereignisse, nicht als „friedliche Revolution" oder als „Sieg der Freiheit" – die hier beschriebene „Wende" zeigt sich als Kehrtwende einer enttäuschten und müden Bevölkerung, die aus Mangel an Alternativen und dem Verlust an den Glauben der kommunistischen Utopie den Weg zurück in die „alte Heimat" antritt. Die Idee, dass es einer erneuten Kursänderung bedürfe, um das kommunistische Utopia doch noch erreichen zu können, wird von der DDR-Bevölkerung nicht mehr in Erwägung gezogen – sie wird nicht mehr gewollt. Hein sprach sich im November 1989 explizit für die Erhaltung einer unabhängigen DDR aus. Somit entsprach der Verlauf der Ereignisse seit Dezember 1989, wie man heute weiß, nicht den Vorstellungen Heins, die er noch ein Jahr später, im Dezember 1990, in der „Jungen Welt" zum Ausdruck brachte:

> „Es ist uns jetzt die große Chance gegeben, erstmals wirklich Sozialismus aufzubauen. Dabei ist bei einem großen Teil der Bevölkerung große Unlust zu beobachten [...]. Unser Hauptproblem sehe ich darin, daß der Konsens für eine sozialistische Gesellschaft auf dem Spiel steht und daß der schon bald verloren sein könnte. Wir haben jetzt die letzte Chance." (Hein zitiert nach Schröter 2001: 36)

Während ein Großteil der DDR-Intelligenz sowie die Köpfe der Oppositionsbewegung (u.a. Bärbel Bohley, Katja Havemann, Friedrich Schorlemmer) weiterhin an die Erneuerung des Staatssozialismus glaubten, hatte sich die Mehrzahl der DDR-Bevölkerung in dem Glauben an „blühende Landschaften" und den Segen westlicher Konsumgesellschaften eingerichtet. Es gab kein Bedürfnis und keine Notwendigkeit mehr andere Gesellschaftsentwürfe zu bedenken. Die „alte Heimat" wurde zum neuen Paradies erklärt, ganz gleich, ob die Heimat, in welche die zerstörten Schiffe einliefen, überhaupt noch die ihrige war. Die Enttäuschung über den Verlust der „Wende"-Ideale wird von Hein in der Parabel ebenso thematisiert wie die Asymmetrie der Verhandlungspositionen zwischen DDR und BRD. Die „neugewählten Kapitäne" der Volkskammer verhandeln demzufolge nur leidlich über die Bedingungen der „Übergabe" (Hein 1990: 17), vor allem weil ihnen der Rückhalt in der Gesellschaft für andere Optionen als ein Bekenntnis zur Vereinigung mit der BRD fehlt.

In der Parabel kommt dabei sehr pointiert zum Ausdruck, dass die Wiedervereinigung im Herbst 1989 für die politische Elite der

BRD zunächst weder denkbar noch wünschenswert erschien.[3] Dennoch wurde bereits einige Monate nach dem Mauerfall die Diskussion um die Reformmöglichkeit der DDR und die Strahlkraft einer kommunistischen Utopie als gesellschaftspolitischer Gegenentwurf zu einer zunehmend marktorientierten Demokratie verdammt, was sich nicht zuletzt an dem Beitritt der DDR zu BRD nach Artikel 23 des Grundgesetzes am 3. Oktober 1990 zeigt, welcher ohne die Einberufung einer neuen verfassungsgebenden Versammlung oder die Überarbeitung des als Provisorium gedachten Grundgesetzes erfolgte. Drastisch ausgedrückt: ein am kommunistischen Ideal orientierter Diskurs schien 1990 undenkbar und unterlag einer Art freiwilliger gesellschaftlicher Repression. Hein beschreibt dies wie folgt:

> „In der Stadt und auf den Schiffen wurden neue Plakate geklebt. Auf denen stand: Hinter dem Ozean liegt nicht das Paradies, sondern der Tod. Und jeder der wollte, konnte den Satz unterschreiben. Und wer ihn auf den Schiffen oder in der Stadt nicht unterschrieb, geriet in den Verdacht, daß er ein Anhänger des Großen Kapitäns sei oder ein Spitzel." (Hein 1990: 17)

Die Darstellung der Mentalitätenlandschaft als latent repressiv gegenüber einem sozialistischen Gesellschaftsentwurf greift das Bild der „Mauern aus Geld" auf, welches Hein in einem im Spiegel erschienenen Essay aus dem Jahr 1991 verwendete, um die Ökonomisierung des Lebens und die damit einhergehenden neuen, gesellschaftlichen Unfreiheiten in der BRD darzustellen (Niven 1995: 699). Nach „1989" diskutiert Hein die Utopie des „wahren Sozialismus" somit nicht mehr als Gegenentwurf zum „real existierenden Sozialismus", sondern als argumentative Folie, als gegenhegemonialer Diskurs um die Dogmen des Kapitalismus zu entlarven.

---

[3] „[D]ie Bürger der Hafenstadt winkten ihnen ernüchtert zu und versprachen ihnen zu helfen, wenn sie an Bord bleiben und nicht in die Stadt kommen würden." (Hein 1990: 16)

Hein resümiert in „Kein Seeweg nach Indien", dass sich der „real existierende Sozialismus" im Sturm des vermeintlichen Fortschrittes vom eigenen Ideal einer besseren Gesellschaft entfernt hat, als diesem näher gekommen zu sein. Was also tun? Die Rückkehr zum kapitalistischen System, welches man aufgrund seiner strukturellen Ungerechtigkeiten für inhuman und reformwürdig erklärt hatte, scheint ebenso undenkbar, wie das Fortführen der politischen Realität des Sozialismus unter einer neu verzierten Flagge, denn in beiden Ideologien wurden im Namen des Fortschritts neue Katastrophen aufgetürmt und alte Ungerechtigkeiten reproduziert. Genau hierin drückt sich das Unbehagen Heins an der vorschnellen Glorifizierung der „alten Heimat" aus, stellt sie sich unter diesen Bedingungen doch als nichts anderes dar als die Wahl des vermeintlich kleineren Übels. Die Aufgabe der kommunistischen Utopie zugunsten der Unausweichbarkeit des Faktischen scheint dabei einer der Hauptkritikpunkte, die Hein dazu führen, die „Wende" nicht als eine Revolution zu verstehen, sondern als restaurative Kehrtwende in den Hafen des Kapitalismus. Die Alternative zur Umkehr wäre gewesen, ein neues, sozialistisches Gesellschaftsmodell aufzubauen. Doch stellt sich die Frage, inwieweit eine solche Idee unter den Erfahrungen des 20. Jahrhunderts ohne die Wiederholung neuer Sündenfälle einzulösen wäre. Nicht umsonst erscheinen die Reden Heins schon Ende 1989 weitaus zurückhaltender, gleichwohl er an dem Glauben an einen „wirklichen" Sozialismus festhält. Daher bleibt die kommunistische Utopie für Hein auch weiterhin ein wichtiges Korrektiv zur Beschreibung gesellschaftlicher Missstände und bildet darüber hinaus die Grundlage auf dem Weg zu einer gerechteren Gesellschaft:

> „While Hein certainly lost hope of the realization of true socialism within the context of the present, however, it cannot be said that he lost revolutionary hopes altogether. [...] The course of recent history is reinterpreted in the name of a projected socialist rebirth." (Niven 1995: 700)

4. Fazit: Die Utopie als Notwendigkeit

Die Kritik der Essentialisierung des Topos „1989" wurde von Christoph Hein schon im Jahr 1990 aufgegriffen und literarisch bearbeitet. Ein wichtiger Kerngedanke Heins, der sich in die Parabel „Kein Seeweg nach Indien" eingeschrieben hat, ist die Notwendigkeit alternativer Gesellschaftsentwürfe. In Heins Verständnis fungiert die kommunistische Utopie als Bewusstseinsraum, der zur Auseinandersetzung mit den realen gesellschaftlichen Verhältnissen eines globalisierten Kapitalismus bewegt und gleichzeitig Einhalt gebietet, um gesellschaftliche Ideale und ihr Verhältnis zur Realität abzugleichen. In diesem Sinne gleicht Heins Utopie-Verständnis dem von Ernst Bloch skizzierten Gedanken, Utopien nicht nur als abstrakte Sozialutopien besserer Gesellschaften zu verstehen, sondern darunter auch an den Bedingungen der Wirklichkeit orientierte Wunschbilder, Tagträume, Ideale und Hoffnungen eines glücklicheren Lebens zu subsummieren (Zekert 1993: 157ff.). Gesteht man Christoph Hein ein solches Utopieverständnis zu, dann scheint es vor dem Hintergrund seines skizzierten Gesellschaftsideals nachvollziehbar, warum die ab Dezember 1989 eingeschlagene Rückkehr der DDR-Bürger in den Hafen des Kapitalismus für Hein am Ende nicht mehr war, als eine durch gesellschaftliches Engagement friedlich herbeigeführte politische Restauration. In Ermangelung eines greifbaren Ziels wendeten sich die DDR-Bürger von der Kraftanstrengung ab eine am sozialistischen Ideal ausgerichtete, gesellschaftliche Neujustierung zu wagen und begruben in den Augen Heins somit die Chance auf einen gesellschaftspolitischen Neuanfang.[4]

---

[4] Es stellt sich hierbei jedoch die Frage, ob diese Bewertung der „Wende" auch mit Bezug auf Individualschicksale so aufrechterhalten werden kann. Auf der persönlicher Ebene haben zumindest alle nach 1961 geborenen DDR-Bürger kaum Erfahrungen mit einem anderen System als dem autoritären Staatssozialismus gemacht. „1989" somit lediglich als „Kehrtwende" in die „alte Heimat" zu bezeichnen, scheint daher unangebracht, da es auf persönlicher Ebene für eine Vielzahl von

Hierin zeigt sich die Kritik Heins an der Essentialisierung von „1989", einem Topos, der in seinen Augen differenzierter zu betrachten ist, als dies der offizielle Geschichtsnarrativ der BRD von der „friedlichen Revolution" und der „Deutschen Einheit" zu erzählen vermag. Gleichwohl der Traum des „wahren Sozialismus" bereits in der Entstehungsphase der Parabel ausgeträumt zu seien schien, macht der Text deutlich, dass Hein die Bekundungen des erreichten Endpunkts der Geschichte ebenso zu Grabe trägt wie den Abgesang auf die kommunistische Utopie als Entwurf einer klassenlosen und an den eigenen Bedürfnissen ausgerichteten Gesellschaft. Das Postulat vom „Ende der Geschichte" (Fukuyama 1989), das Anfang der 1990er Jahre so wirkmächtig den Glauben an den Neoliberalismus als gesellschaftspolitischen Endpunkt der menschlichen Entwicklungsgeschichte verbreitete, ist für Hein schon deshalb obsolet, weil Geschichte für ihn im Sinne Walter Benjamins als „[…] ein Knäuel stattfindender Ereignisse, das vermittels unendlich vieler Wurzeln mit der gesamten Vorgeschichte verbunden ist" (Hilbk 1998: 176), verstanden werden muss. Geschichte wirkt in die Gegenwart hinein und bietet dadurch permanent Referenzpunkte für politisches Handeln an. Entscheidend für das in der Parabel herausgearbeitete Verständnis der politischen Veränderungen in Osteuropa und der deutsch-deutschen Vereinigung ist, dass „1989" für Hein weder eine gesellschaftspolitische Revolution oder einen ideellen Neuanfang bedeutet, noch das mit der erneuten Hinwendung des Ostblocks zum Kapitalismus ein Schlussstrich unter die Utopie des Kommunismus gezogen werden kann. Die Enttäuschung Heins über den Ausgang der „Wende" erschöpft sich nicht allein in dem Fakt, dass die Mehrheit der Bevölkerung die liberale Demokratie gegenüber der kommunistischen Gesellschaftsutopie bevorzugte, sondern stellt zudem auf den Verlust der utopischen Strahlkraft durch die politische Realität des Sozialismus ab, die durch Repression und fehlende

---

DDR-Bürgern einen wirklichen Aufbruch in ein neues gesellschaftliches System bedeutete.

Rechtsstaatlichkeit ein Maß an individueller bzw. gesellschaftlicher Unfreiheit erzeugte, die die ökonomischen Unfreiheiten des Kapitalismus weithin übertrafen.

„Kein Seeweg nach Indien" ist daher nicht nur ein literarisches Zeugnis über die alternative Bewertung von „1989", sondern gleichsam ein Postulat für den Glauben an eine Utopie, die nicht als realitätsferne Träumerei, sondern als desillusionierende und kräftezehrende Auseinandersetzung mit der gesellschaftlichen Realität in Erscheinung tritt. Zu guter Letzt ist die Parabel darüber hinaus der kritische Kommentar eines Schriftstellers, der sich als Chronist der „Narrenschiffe" nicht um das geschichtliche Erbe der „Entdeckungsreise", dessen differenzierte Bewertung und, gerade im Zuge der aktuellen globalen Finanz- und Wirtschaftskrise von Bedeutung, um die Existenzberechtigung gesellschaftspolitischer Alternativen bringen lassen will.

Literatur

Emmerich, Wolfgang (1991): Affirmation-Utopie-Melancholie. Versuch einer Bilanz von vierzig Jahren DDR-Literatur. In: German Studies Review Vol. 14 Nr. 2 (Mai 1991), S. 325-344.

Fukuyama, Francis (1989): The End of History? In: The National Interest. Summer 1989.

Greiner, Ulrich (1990): Die deutsche Gesinnungsästhetik. Noch einmal: Christa Wolf und der deutsche Literaturstreit / Eine Zwischenbilanz. In: Die Zeit Nr. 45, 2. November 1990. URL: http://www.zeit.de/1990/45/Die-deutsche-Gesinnungsaesthetik?page=all (18.01.2010)

Grub, Frank Thomas (2003):>Wende< und >Einheit< im Spiegel der deutschsprachigen Literatur. Bd. 1. Berlin: de Gruyter.

Hein, Christoph (1990): Kein Seeweg nach Indien. In: Christoph Hein. Texte, Daten Bilder. Hrsg. von Lothar Baier. Frankfurt a.M.: Luchterhand Verlag, S. 13-19.

Hilbk, Andrea (1998): Von Zirkularbewegungen und kreisenden Utopien. Zur Geschichtsdarstellung in der Epik Christoph Heins. Augsburg. Wißner.

Hörnigk, Frank (1991): Verlust von Illusionen: Gewinn an Realismus. In: German Studies Review Vol. 14 Nr. 2 (Mai 1991), S. 313-324.

Köhler, Horst (2009): Grußwort von Bundespräsident Horst Köhler bei der Ordensverleihung anlässlich des Tages der Deutschen Einheit. Berlin, 5. Oktober 2009. URL: http://www.bundespraesident.de/SharedDocs/Reden/DE/Horst-Koehler/Reden/2009/10/20091005_Rede.html (18.01.2010)

Kowalczuk, Iko-Sascha (2009): Endspiel. Die Revolution von 1989 in der DDR. München: Verlag C.H. Beck.

Niven, William (1995): „Das Geld ist nicht der Gral": Christoph Hein and the „Wende". In: The Modern Language Review. Vol. 90, Nr. 3 (Jul. 1995), S. 688-706.

Rosellini, Jay Julian (1994): Kahlschlag im Land der Dichter und (Polit-)Denker? Zum Hintergrund des Intellektuellenstreits in Deutschland. In: Monatshefte, Vol. 86, Nr. 4 (Winter 1994), S. 480-499.

Roth, Klaus (2003): Kommunismus. In: LexPol - Lexikon der Politik, Bd. 1. Hrsg. von Dieter Nohlen. Digitale Bibliothek Band 79. Berlin: Directmedia, S. 248-257.

Saage, Richard (1997): Utopieforschung. Eine Bilanz. Darmstadt: Wissenschaftliche Buchgesellschaft.

Schröter, Dirk (2003): Deutschland einig Vaterland. Wende und Wiedervereinigung im Spiegel der zeitgenössischen deutschen Literatur. Leipzig/Berlin: Kirchhof & Franke.

Spies, Bernhard (1994): The End of the Socialist German State: The Socialist Utopia and the Writers. In: The Modern Language Review Vol. 89 Nr. 2 (April 1994), S. 393-405.

Wilpert, Gero v. (1979): Sachwörterbuch der Literatur. 6., verb. u. Erw. Aufl. Stuttgart: Kröner Verlag (Kröners Taschenbuchausgabe; Bd. 231)

Zekert, Iris (1993): Poetologie und Prophetie. Christoph Heins Prosa und Dramatik im Kontext seiner Walter-Benjamin-Rezeption. Frankfurt a. M./Berlin/Bern/New York/Paris/Wien: Peter Lang. (Europäische Hochschulschriften: Reihe 1, Deutsche Sprache und Literatur; Bd. 1080).

Per I-Voting zum Parlament – Kann das estnische I-Vote-System in Deutschland angewandt werden?

Volker Trotte

1. Einleitung

Rechtlich bindende Parlamentswahlen über das Internet sind bereits seit 2007 Realität – zumindest in Estland. Das kleine Land im Baltikum erreichte in weniger als zwei Jahrzehnten, woran westliche Demokratien noch immer arbeiten. Nach der Unabhängigkeit versuchte das damals wirtschaftlich schwache Land nicht erst den technologischen Vorsprung Westeuropas aufzuholen. Statt in kostspielige Telekommunikationsinfrastruktur wurde direkt in digitale Identitätsausweise, Mobilfunk und drahtloses Internet investiert (Martin 2007). Die gegenwartsorientierte und flexible Verfassung ermöglichte den Parlamentariern binnen weniger Jahre die Grundlagen für einen papierlosen Staat zu schaffen und darüber hinaus 2007 als erstes Land der Welt seinen Bürgern die Option zur rechtlich bindenden Parlamentswahl via Internet zu eröffnen. Bei den Parlamentswahlen im Jahr 2011 war die Internetwahl beliebter als je zuvor.

Wie funktioniert dieses I-Vote-System? Welche (möglichen) Schwächen besitzt es? Was sind die Voraussetzungen? Und welche juristischen Grundlagen ermöglichen dem verhältnismäßig kleinen Estland am Rande der EU diese Modernität?

Um diese Fragen zu beantworten, wird das estnische Internetwahlsystem anhand der drei Variablen *Rechtliche Rahmenbedingungen*, *Voraussetzungen für Staat und Bürger* sowie *Systemsicherheit* charakterisiert. Diese ermöglichen eine umfassende Darstellung der Rechtsgrundlage, der realen Anbieter- und Nutzersituation und der getroffenen Sicherheitsvorkehrungen. Im Anschluss wird die Anwendbarkeit des estnischen I-Voting-Systems auf Deutschland überprüft. Abschließend werden die Erkenntnisse im Fazit zusammengetragen und erläutert.

2. Variablendefinition

2.1 Rechtliche Rahmenbedingungen

Die rechtlichen Rahmenbedingungen entsprechen den juristischen Anforderungen an eine Wahl. Sie stellen Vorgaben dar, welche für eine einwandfreie Wahl unumgänglich sind. Diese Rahmenbedingungen sind in der Verfassung und im Riigikogu Election Act (REA), dem estnischen Wahlgesetz zum Parlament, niedergelegt.

2.2 Voraussetzungen für Staat und Bürger

In dieser Variable werden die speziellen Voraussetzungen aufgeführt bzw. untersucht, die an den Staat und seine Bürger gestellt werden, um I-Voting als Möglichkeit der Stimmenabgabe zu nutzen. So muss der Staat z.B. eine entsprechende technische Infrastruktur (Serverkapazitäten u.a.) bereitstellen und der I-Vote-willige Bürger muss beispielsweise ein funktionsfähiges Endgerät mit Internetanschluss und das entsprechende Wissen um die Funktionsweise des Wahlvorganges besitzen.

2.3 Systemsicherheit

Der erforderliche Grad an Sicherheit des Internetwahlprozesses wird im Wesentlichen durch die im Wahlrecht formulierten Anforderungen festgelegt. So muss gewährleistet sein, dass der technische Stimmabgabeprozess den rechtlichen Anforderungen entspricht, soweit möglich manipulationsgeschützt und zuverlässig ist. Einige der größten Risiken, deren Auswirkungen und die dafür eingesetzten, hauptsächlich technischen Mittel werden in dieser Variablen zusammengefasst.

3. I-Voting in Estland

3.1 Rechtliche Rahmenbedingungen

In der estnischen Verfassung sind folgende Wahlrechtsgrundsätze zur Staatsversammlung, dem Parlament Estlands (estn: Riigikogu), formuliert: „Die Mitglieder werden in freien Wahlen [...] gewählt. Wahlen sind allgemein, gleich und direkt. Die Abstimmung ist geheim"(Verfassung der Republik Estland: §60). Jeder Este, der am Wahltag mindestens das 18. Lebensjahr erreicht hat, kann seine Stimme abgeben, insofern ihm sein Stimmrecht nicht rechtsgültig entzogen bzw. aberkannt wurde. Jeder Este, der bis zum letzten Tag der Registrierungsperiode für Kandidaten mindestens das 21. Lebensjahr erreicht hat, kann sich zur Wahl stellen. Reguläre Mitglieder der Streitkräfte und rechtsgültig inhaftierte Verurteilte dürfen sich nicht zur Wahl stellen. Diesen Wahlrechtsgrundlagen muss auch die Internetwahl folgen (Verfassung der Republik Estland: §57).

Im Digital Signature Act (DSA) und im Identity Documents Act (IDA) sind die Anforderungen zur Nutzung von digitalen Signaturen, die Vorgaben zur Überwachung von Zertifizierungsstellen und sogenannten Zeitstempeldienstleistern (DSA), sowie die Gültigkeit nationaler Identitätsausweise und deren Reichweite bzw. Ausgabe festgelegt (§1 DSA; §1, §19[1] IDA).

In §44 REA ist die Möglichkeit zum *„Electronic Voting"* rechtlich formuliert. Die elektronische Wahl ist dem Aspekt der *„Advance Polls"*, der Frühwahl, zuzuordnen. Unter Nutzung seiner ID-Card kann der Wähler seine Stimme digital und bereits vor dem regulären Wahltag abgeben. Das Gesetz ermöglicht dem Wähler, seine Stimmabgabe im vorgegebenen Zeitraum der Internetwahl beliebig oft zu wiederholen und/oder diese per analoger *„Advance Poll"* nachträglich noch ein letztes Mal zu verändern. In jedem Fall wird die zuletzt abgegebene Stimme des Wählers gezählt, während die vorherigen annulliert werden. Somit wird sichergestellt, dass jeder Wähler nur eine Stimme abgeben kann (§44, §48[1] REA).

3.2 Voraussetzungen für Staat und Bürger

3.2.1 ID Cards

Die ID-Card wurde 2002 unentgeltlich als gültiges nationales Ausweisdokument in Estland ausgegeben und ist als digitaler Datenspeicher und Datenlieferant konzipiert (Buchsbaum: 17). Auf ihr befinden sich zwei digitale Zertifikate, die die Authentifizierung und digitale Unterschrift ermöglichen, einpersönlicher Identifikationscode sowie weitere allgemeine Informationen des Inhabers (§9, §19[1] IDA). Jeder Bürger ist verpflichtet, eine ID-Card als Ausweisdokument zu beantragen. Um die beantragte ID-Card bei E-Services wie auch beim I-Voting zu nutzen, wird die zeitgleich mit der Ausgabe der Karte vergebene PIN-Nummer, ein SmartCard-Reader, valide elektronische Zertifikate, ein Computer mit aktiver Internetverbindung und die ID-Card-Software benötigt. Mit Ausnahme des SmartCard-Readers stehen alle Voraussetzungen kostenlos zur Verfügung bzw. können kostenfrei beantragt werden (Maaten: 89).

3.2.2 Technische Aspekte

Die „Estonian Information System's Authority" (EISA) verantwortet die IT-Infrastruktur des Landes. Sie hat die Aufgabe, das öffentliche Breitbandnetzwerk zur Kommunikation zwischen den Regierungsinstitutionen und den Zugang derselben zum Internet sicherzustellen. Als IT-Kompetenzzentrum des Staates ist die EISA auch für die Sicherheit und Weiterentwicklung des staatlichen Netzwerkes, der öffentlichen Angebote sowie für alle weiteren staatlichen IT-Belange verantwortlich. (Estonian Information System's Authority)

Das privatwirtschaftliche *Certification Center* ist die einzige von der Regierung anerkannte und vertraglich gebundene Zertifizierungsstelle für digitale Identitätsprüfung und Signaturen (OSZE 2007: 11). Es entwickelt und stellt die Technologie digitaler Zertifikate für die Authentifizierung zur digitalen Unterschrift zur Verfügung, verbindet die Technologie mit den Nutzern und fungiert somit als zentrales Unternehmen im ID-Card-Projekt. Treten Probleme bei der Nutzung von ID-Cards, Zertifikaten oder der Software auf, können die Bürger sich an den Helpdesk des Certification Centers wenden (AS Sertifitseerimiskeskus).

3.2.4 Wahlserver und -software

Über die Voter Application (VA) übermittelt der Wähler seine Stimme an das zentrale Wahlsystem (National Electoral Committee 2005-2010: 12). Es ist das einzige Programm, das der Nutzer benötigt um an der Internetwahl teilzunehmen.

Der Vote Forwarding Server (VFS) ist der einzige Bestandteil des zentralen Wahlsystems, der direkt mit dem Internet verbunden ist. Zunächst leitet der VFS die via VA vom Nutzer eingegeben Daten an den Validity Confirmation Server (VCS) weiter, welcher die Authentifizierung des Nutzers überprüft und eine entsprechende Rückmeldung gibt. Fällt diese positiv aus, stellt der VFS dem Wähler die Kandidatenliste seines Wahlbezirks in der Voter Application bereit und nimmt die signierte und verschlüsselte Wahlentscheidung des Nutzers entgegen. Diese leitet er an den Vote Storage Server (VSS) weiter und übermittelt die Bestätigung der erfolgreichen oder nicht erfolgreichen Stimmabgabe vom VSS an den Nutzer. Nach Beendigung der Internetwahlphase ist der VFS vom Internet aus nicht mehr erreichbar. Der VFS wird von der EISA in einer sicheren Umgebung betrieben (National Electoral Committee 2005-2010: 15-16; OSZE 2007: 12).

Der Vote Storage Server speichert alle abgegebenen Stimmen. Nach Beendigung der Internetwahlphase werden mehrfach abgegebene Wahlstimmen und Stimmen von nicht zugelassenen Wählern entfernt. Im letzten Schritt wird die digitale Signatur von der abgegebenen Stimme getrennt und ist somit für die Vote Counting Application (VCA) vorbereitet (National Electoral Committee 2005-2010: 17-18; OSZE 2007: 12).

Die VCA befindet sich auf einem Computer in einer speziellen Sicherheitszone beim Nationalen Wahlkomitee und besitzt keinen Netzwerkanschluss. Die vorbereiteten Stimmen werden mittels CD-Rom transferiert und von der VCA verarbeitet. Diese entschlüsselt mit dem korrekten public-/private-key-Paar die Stimmen und zählt diese.

Während der public key in der VA integriert ist, muss der private key unbedingt geheim gehalten werden, da nur mittels des korrekten Schlüsselpaares die Stimmen decodiert und gezählt werden können. Wäre der private key bekannt, so wären verschiedene Einflussmöglichkeiten auf das Wahlsystem denkbar und die Wahl müsste annulliert werden (National Electoral Committee 2005-2010: 15-16; OSZE 2007: 12).

Alle für das Internetvoting erforderlichen Softwareelemente wurden von dem Privatunternehmen Cybernetica AS entwickelt. Die Firma besitzt jedoch keine vertragliche Bindung zum Betrieb oder zur Wartung der Software. Kurz vor der Parlamentswahl 2011 spielte das Unternehmen kurzfristig ein Softwareupdate ein und verursachte somit ein erhöhtes Sicherheitsrisiko (OSZE 2007: 11-12; OSZE 2011: 10).

3.2.5 Sicherheitsüberwachung

Zur Überwachung, Sicherung und zum Nachvollzug der Wahlen werden fünf LOG-Dateien angelegt. In diesen LOG-Dateien befinden sich die erhaltenen und annullierten Stimmen sowie die zu zählenden, ungültigen und angenommenen Stimmen. Sie werden bei Beschwerden verwendet und sind in einer Form aufgebaut, die eine Stimmenzuordnung zu einem Wähler unmöglich macht (National Electoral Committee 2005-2010: 19-20).

Das privatwirtschaftliche Unternehmen KPMG Baltics AS übernimmt die Aufgabe der Systemüberwachung. Es überprüft und überwacht kontinuierlich alle sicherheitsrelevanten Prozesse des Internetwahlsystems während der Wahl und vergleicht das Vorgehen des Nationalen Wahlkomitees (NEC) mit den vorgeschriebenen und notwendigen Schritten und Abläufen. Diese werden videoüberwacht, aufgezeichnet, schriftlich fixiert und die Ergebnisse nach Beendigung der Wahl in einen nichtöffentlichen Abschlussbericht an das NEC übergeben (OSZE 2007: 18-19; OSZE 2011: 14).

3.3 Systemsicherheit

Das I-Vote-System ist an verschiedene Sicherheitsvoraussetzung gebunden, wobei die Korrektheit des Wahlergebnisses zentral ist. Dafür grundlegende Sicherheitsaspekte sind korrekte Autorisierung des Wählers, die Beachtung der Vorgabe „Ein Wähler – Eine Stimme", das Verhindern von Fälschungen der Stimmen, die Gleichheit des Wahlprozesses, die Möglichkeit zur Wiederholung des I-Vote-Vorganges, bei gleichzeitigem Vorrang der traditionellen, papiergebundenen Wahl gegenüber der Internetwahl und nicht zuletzt die Annullierung seiner Stimme durch den Wähler und die Möglichkeit, eine ungültige Stimme abzugeben (National Electoral Committee 2010: 6-7).

Weiterhin muss der Grundsatz der geheimen Wahl erfüllt und eine möglichst große Vertraulichkeit hergestellt werden. Es darf nicht möglich sein, spezifische Aktionen einzelner Nutzer zu analysieren. Ebenso muss das Wahlergebnis geheim gehalten werden und darf nicht vor dem Schluss der Wahllokale an die Öffentlichkeit gelangen. Zugleich muss die Wahl so transparent wie möglich sein, um Widersprüchen bereits im Vorhinein entgegenwirken zu können (National Electoral Committee 2010: 7-8).

Die Autorisierung des Wählers erfolgt über die ID-Card. Durch die zeitliche Synchronisation aller Server und die nachträglich mögliche Authentifizierung der Wähler, ist auch bei temporärer Nichterreichbarkeit des Validity Confirmation Servers ein reibungsloser Ablauf möglich (National Electoral Committee 2005-2010: 16).

Dem Prinzip „Ein Wähler – Eine Stimme" wird gefolgt, indem jeder Wähler seine eine Stimme online abgeben kann, jedoch bei mehrmaliger Abgabe nur die letzte Stimme gezählt wird. Nutzt der

Wähler den Wahlzettel, so hat die klassische, papiergebundene Stimmabgabe Vorrang gegenüber der elektronischen. Der Verfälschung der Stimmen wird durch den eigentlichen Authentifizierungsvorgang und die Nutzung der public-/private-key-Kryptographie entgegengewirkt. Nicht zuletzt hat der Wähler die Möglichkeit, seine Stimme im Wahlzeitraum unbegrenzt oft zu verändern und via Papierwahl diese nachträglich noch ein letztes Mal zu verändern (National Electoral Committee 2010; Ahto/Triinu 2007).

Abbildung 1:Sicherheitsschema der public-/private-key-Kryptographie

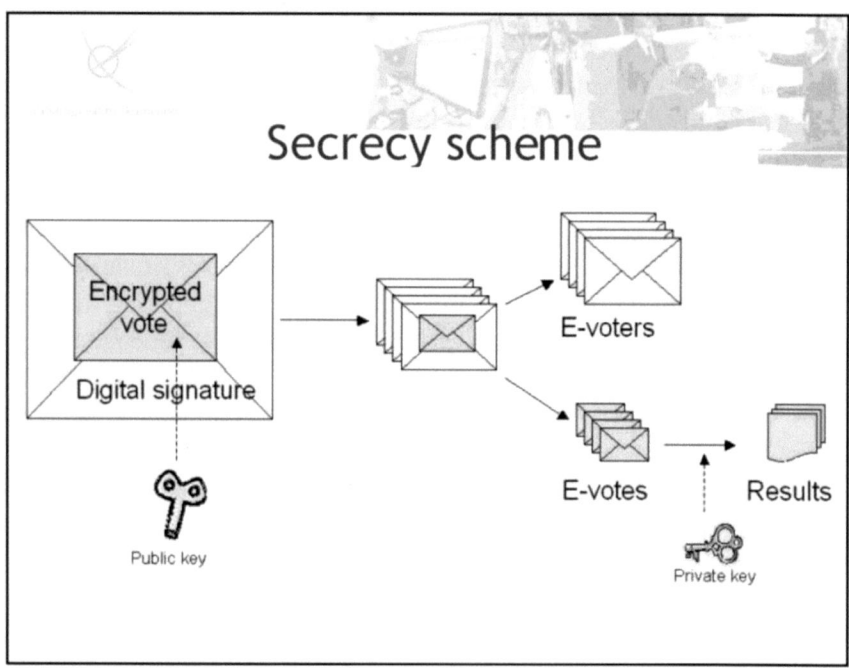

Quelle: Ülle 2009: 5.

4. Anwendung des estnischen I-Vote-Systems in Deutschland

4.1 Rechtliche Rahmenbedingungen für Internetwahlen

4.1.1 Verfassung und gesetzliche Lage

Die in Deutschland zu beachtenden Rechtsgrundlagen sind im Grundgesetz (Wahlrechtsgrundlagen; §38 Abs. 1 GG) und im Bundeswahlgesetz (BWahlG) niedergelegt. Die Bundeswahlgeräteverordnung ist im Fall der Internetwahl nicht bindend, da ein beliebiger Computer keine Wahlmaschine im Sinne des BWahlG darstellt (BWahlGV: Anlage 1A). Dementsprechend erfüllt die Internetwahl nach estnischem Vorbild keine der in §34-§36 BWahlG beschriebenen Wahlverfahren (Stimmzettel, Wahlgerät, Briefwahl) und muss sich daher an den Wahlrechtsgrundsätzen orientieren.

Für eine Internetwahl kommen aufgrund der rechtlichen Rahmenbedingungen lediglich die sichersten Signaturen der im Signaturgesetz (SigG) beschriebenen infrage – diese „qualifizierten elektronischen Signaturen" sind rechtlich der eigenhändigen Unterschrift gleichgestellt und basieren auf einem private-/public-key Kryptographieverfahren. (Bundesnetzagentur; §2 SigG)Diese bedürfen der Erstellung mit einer sicheren Signaturerstellungseinheit (z.B. der neue digitale Personalausweis), welche zugleich als Speichermedium dient (§2 Abs. 10, §17 Abs. 1 SigG; §22 PersAuswG).

4.1.2 Vereinbarkeit des estnischen Internetwahlsystems mit den deutschen Wahlgrundsätzen

4.1.2.1 Freie Wahl

Das Freiheitsgebot wird durch die Internetwahl offensichtlich kaum berührt, da es nur eine zusätzliche Wahlform darstellt. Jedoch muss auch die Möglichkeit der ungültigen Stimmenabgabe gegeben sein. Dies ist im estnischen System nicht der Fall, da nur korrekt abgegebene Stimmen angenommen werden (Chowdhury 2009: 13; Hall 2011). Dieser Wahlgrundsatz ist daher trotz der Möglichkeit zur Abgabe einer ungültigen Stimme im Nachhinein via Papierwahl nicht ausreichend erfüllt. Die Möglichkeit, seine Stimme mehrfach abzugeben und diese im Nachhinein ein letztes Mal ändern zu können, ist jedoch als positiv im Sinne der freien Wahl anzusehen, da so möglichen Beeinträchtigungen auf Seiten der Wähler begegnet werden kann. (Skagestein et.al. 2006: 14.)

4.1.2.2 Geheime Wahl

„Geheime Wahl bedeutet Stimmabgabe unter ausschließlicher Kenntnisnahmemöglichkeit des Wählers von dem Inhalt seiner Wahlentscheidung und ist damit höchstpersönlich auszuüben" (Magiera 2003: 1239RN. 97). Diesen Grundsatz versucht das estnische I-Voting-System mittels der eingesetzten public-/private-key-Kryptographiezu verwirklichen. Diese Trennung von Signatur und Stimme kann nicht ohne weiteres rekonstruiert werden. Die Überwindung der beschriebenen Sicherheitsmechanismen ist nicht unmöglich, erscheint jedoch sehr komplex und aufwendig. Weiterhin kann nicht garantiert werden, dass der Wähler an sich seine Stimme im Geheimen abgibt bzw. abgeben kann. Um diesem Problem entgegen zu wirken, kann die Stimmenabgabe mehrfach wiederholt werden.

4.1.2.3 Allgemeine Wahl

Der Grundsatz der allgemeinen Wahl beinhaltet im Wesentlichen die Herausforderung, dass jeder Wahlberechtigte „sein Wahlrecht in möglichst gleicher Weise ausüben kann" (Magiera 2003: 1234 RN 79). Da die Internetwahl lediglich eine zusätzliche Form der Stimmenabgabe darstellt und den Wahlmodus an sich nicht ändert, verletzt sie diesen Wahlgrundsatz primär nicht. Vor allem technische Unregelmäßigkeiten, aber auch Probleme auf Seiten des

Wählers bergen jedoch das Risiko eines faktischen Wahlausschlusses (Will 2003: 126-133).

Dem Umstand technischer Unregelmäßigkeiten werden die bereits beschriebenen Sicherheitsmaßnahmen entgegengesetzt, um die Gefahr erfolgreicher Angriffe zu minimieren. Davon ausgehend, dass Angriffe erfolgreich abgefangen werden können und Nutzer, z.b. durch Hinweise des Gesetzgebers, den benutzten Computer frei von Schadsoftware halten können, wird der Allgemeinheitsgrundsatz durch die Einführung einer Internetwahl nach estnischem Vorbild nicht verletzt.

4.1.2.4 Unmittelbare Wahl

Die Unmittelbarkeit der Wahl verbietet die Einschaltung von Entscheidungsinstanzen wie Wahlmännern zwischen dem Wähler und dem Wahlbewerber (Magiera 2003: 1235 RN 83). Die direkte Wahl wird durch eine zusätzliche Internetwahlmöglichkeit nicht tangiert, da diese lediglich eine weitere Wahlform darstellt, jedoch den gleichen Gesetzen wie die klassischen Wahlmöglichkeiten unterliegt. Das eigentliche Wahlsystem bleibt dadurch unbeeinflusst, weshalb diese Anforderung von der Internetwahl erfüllt wird.

4.1.2.5 Gleiche Wahl

Der Gleichheitsgrundsatz der Wahl bedeutet für den Wähler im Wesentlichen, dass der gleiche Zählwert aller Stimmen gewahrt werden muss (Magiera 2003: 1237 RN90). Die Vorgabe „Ein Wähler – eine Stimme" wird gewahrt, indem nur die zuletzt abgegebene Stimme gezählt wird und alle anderen annuliert werden. Im Falle einer bemerkten Manipulation kann der Wähler die Stimmabgabe wiederholen. Dieser „doppelte Boden" erhöht die Sicherheit, dass die Stimme richtig und regelkonform abgegeben werden kann.

Die Chancengleichheit für den Wahlbewerber wird hergestellt, indem die gleichen öffentlichen Register als Datenquelle für die Internetwahl herangezogen werden wie bei den klassischen Wahlformen. (Martens 2011: 10) Die Internetwahlmöglichkeit nach estnischem Vorbild erfüllt dementsprechend den Grundsatz der Gleichheit der Wahl.

4.2 Voraussetzungen für Staat und Bürger

Die Funktion der ID-Cards kann in Deutschland sowohl technisch als auch rechtlich der neue Personalausweis erfüllen. Er besitzt die erforderlichen Grundvoraussetzungen und ist für den Einsatz digitaler Signaturen vorbereitet.

Um die Online-Ausweisfunktionen zu nutzen, sind die Software AusweisApp und ein entsprechendes Lesegerät notwendig. Auf dem deutschen Markt sind lediglich zwei Kartenlesegeräte verfügbar, welche die digitale Signatur ermöglichen. Lediglich eines davon ist vom Bundesamt für Sicherheit in der Informationstechnik (BSI) zertifiziert. (Kompetenzzentrum neuer Personalausweis)

Zur Nutzung der digitalen Signatur bei einer Internetwahl müssen folgende Voraussetzungen erfüllt sein: Der Nutzer muss Zugang zu einem PC mit aktiver Internetanbindung, angeschlossenem, funktionsbereiten SmartCard-Reader mit Signaturfunktion und installierter AusweisApp besitzen. Der Nutzer muss im Besitz eines digitalen Personalausweises mit nachgeladenem Signaturzertifikat sowie der verschiedenen Sicherheits- und Geheimzahlen, inklusive der selbst vergebenen Signatur-PIN sein.

4.2.2 Technische Aspekte: Hosting, Server, Internetverbindungen, Hardwarenutzung

Das BSI nimmt derzeit die Aufgabe der Zertifizierung der Kartenlesegeräte für den Personalausweis wahr. Damit sichert es die technisch einwandfreie Nutzbarkeit dieser Geräte. Die Bundesnetzagentur (BNA) reguliert den Telekommunikationsmarkt, welcher den potentiellen Onlinewählern die notwendige Verbindung zum Internet zur Verfügung stellt.

Lediglich der Bundeswahlausschuss und die verantwortlichen Wartungsspezialisten sollten Zugriff auf die Hard- und Softwarekomponenten des Systems haben. Aufgrund der Sicherheit sollten die Server nach strengen Sicherheitsroutinen überwacht werden (OSZE 2007: 11-12; OSZE 2011: 10-14), mit adäquaten, aktuellen, stabilen und anerkannten Betriebssystemen ausgestattet sein und sich im gleichen staatlich kontrollierten Rechenzentrum befinden, welches mit mindestens einem weiteren Rechenzentrum redundant zusammenarbeitet, um die Ausfallsicherheit zu erhöhen.

Es ist zu beachten, dass ausreichende Kapazitäten zur Verfügung stehen. Wenn nur drei Prozent der Wähler (rund 44 Millionen Stimmabgaben 2009; Der Bundeswahlleiter) in Deutschland ihre Stimme bei einer Internetwahl online abgeben, so wären dies gut 1,3 Millionen Stimmen und damit etwa zehnmal mehr, als die estnischen Server 2011 bewältigen mussten und sogar mehr als Estland Einwohner hat (CIA World Fact Book 2011). Diese Serverlasten müssen beim Kapazitätsmanagement entsprechend berücksichtigt werden.

Es wäre denkbar, dass die Betreuung des Systems vom BSI in Zusammenarbeit mit der BNA, dem Nationalen Cyber-Abwehrzentrum und der Physikalisch-technischen Bundesanstalt übernommen wird (Meißner et. al. 2006; Meißner et. al. 2008). Zusammen besitzen sie das entsprechende Know-how und Fachpersonal, um dieser Aufgabe gerecht zu werden. Die physische Überwachung der Server und des Rechenzentrums kann durch die Bundespolizei wahrgenommen werden.

4.2.3 Zertifizierung, Authentifizierung und digitale Signaturen

Wie bereits beschrieben, existieren in Deutschland verschiedene sehr detaillierte und moderne Gesetze mit dem Schwerpunkt der elektronischen Signatur. Die Einhaltung dieser Gesetze überwacht die BNA, welche auch die Zertifikatsanbieter akkreditiert. Im Gegensatz zu Estland gibt es in Deutschland mehrere Anbieter. Um Kontinuität und Sicherheit zu erhalten, sollte ein Anbieter für die Internetwahl langfristig vertraglich gebunden werden, der eng mit den verantwortlichen staatlichen Behörden zusammenarbeitet.

4.2.4 Wahlsoftware

Die derzeit eingesetzte Software AusweisApp ermöglicht bereits die Verwendung von digitalen Signaturen. Es erscheint eher umständlich, die Software an die Aufgabe einer Internetwahl anzupassen, da nach der derzeitigen Funktionsart der Software eine Webseite angeboten werden muss, welche mit der AusweisApp kommuniziert und über diese dann gewählt wird (Bundesamt für Sicherheit in der Informationstechnik). Dies stellt ein weiteres Sicherheitsrisiko dar und birgt zusätzliche Anforderungen an den Wähler. Aufgrund dieser Nachteile ist es vorteilhaft, ein eigenständiges Programm zu entwickeln, welches die Kommunikation übernimmt. Dieses Programm ist in einer Form zu konzeptionieren, die einen Einsatz bei weiteren Wahlen möglich macht, auf den verbreitetsten Betriebssystemen funktioniert und zugleich den Anforderungen der Wahlrechtsgrundsätze des Grundgesetzes entspricht.

4.2.5 Systemsicherheit und Sicherheitsüberwachung

Die Systemsicherheit wird im Wesentlichen über die elektronische digitale Unterschrift und das eingesetzte kryptographische Verfahren gewährleistet. Diese Voraussetzungen sind technologisch in Deutschland erfüllt und könnten dementsprechend nach estnischem Vorbild eingesetzt werden (Langer/Schmidt 2008; Volkamer/Krimmer: 111-113). Die Überwachung muss sowohl physisch über Sicherheitsbeamte, welche die Server und den Zugang zu ihnen kontrollieren, als auch technisch mit Hilfe von Netzwerkspezialisten, welche während der Internetwahlphase die Computer und Server auf Angriffe und Probleme hin überwachen, erfolgen. Weiterhin eröffnen die erstellten LOG-Dateien nach der Wahl die Möglichkeit, Einsprüchen zu begegnen und die technologische Korrektheit der Wahl zu bestätigen.

Aufgrund der sehr großen potentiellen Anzahl an Wahlteilnehmern in Deutschland, könnten die Server durch eine wesentlich höhere Last beeinträchtigt und dadurch auch anfälliger bzw. interessanter für Angriffe sein. Die technischen Anlagen müssen dementsprechend umfangreich dimensioniert, um z.B. einen Ausfall aufgrund von zu geringer Leistungskapazität entgegenzuwirken, und die eingesetzte Software sehr performant programmiert sein.

5. Zusammenfassung und Fazit

Seit 2000 hat sich Estland kontinuierlich auf dem Weg Richtung Onlinewahl voran bewegt. Mit den festgesetzten Rahmenbedingungen des Riigikogu Election Acts, dem Digital Signature Act und Identity Documents Act hat der estnische Gesetzgeber die Voraussetzungen für die Einführung der unabdingbaren ID-Cards nicht nur als obligatorisches Ausweisdokument, sondern auch als Möglichkeit zur Nutzung von Onlineservices erlassen. Die Wahldurchführung beruht auf den gesetzlichen Vorgaben und wird real durch eine Verbindung von öffentlichen Instanzen (Nationales Wahlkomitee, EISA) und privaten Unternehmen durchgeführt. Dies ermöglicht die Nutzung privatwirtschaftlichen Know-hows unter staatlicher Führung zur Erfüllung komplexer Aufgaben, wie beispielsweise einer Internetwahl.

Die Internetwahloption wird von den technikaffinen Esten sehr positiv angenommen. Wählten 2007 nur knapp sechs Prozent der Esten ihr Parlament via Internet, gaben 2011 bereits knapp 25 Prozent der Wähler ihre Stimme online ab. Im Wesentlichen sind die Einfachheit des Systems und dessen bequeme Nutzbarkeit die treibenden Faktoren der erhöhten Nutzung des Internetwahlsystems, welche der estnischen Technikaffinität entgegenkommen.

Obgleich die OSZE sowohl 2007 als auch 2011 die Onlinewahl in Estland sehr genau beobachtete, erkannte sie jedoch keine eklatanten Verstöße gegen das estnische Wahlrecht bzw. internationale Normen.

Der größte Kritikpunkt des estnischen Wahlsystems in Bezug auf dessen Anwendung in Deutschland liegt in der Konzeption der Software zur Stimmenabgabe. Sie enthält keine Option zur Abgabe einer ungültigen Stimme. Damit bleibt ein wesentlicher Aspekt des Wahlrechtsgrundsatzes der freien Wahl unerfüllt, dem das System auch durch die Abgabe einer ungültigen Stimme bei einer nachfolgenden Papierwahl nicht gerecht werden kann. Ist ein gewisses Grundvertrauen in die zu verwendenden Technologien vorhanden, so kann argumentiert werden, dass das estnische Internetwahlsystem die weiteren Wahlrechtsgrundsätze durchaus erfüllt.

Die beschriebenen technischen Grundlagen sind auch rechtlich weitestgehend erfüllt. Die Einführung des digitalen Personalausweises, SigG, PersAuswG sowie weiterer rechtlicher Normen ermöglichen mittels der staatlichen Software AusweisApp und der Zertifikate von privaten, staatlich kontrollierten Zertifikatsanbietern die Nutzung einer rechtlich gültigen, die Unterschrift ersetzenden, digitalen Signatur. Lediglich eine spezielle Software zur Stimmenabgabe und die technische Server- und Sicherheitsinfrastruktur sind in Deutschland noch nicht vorhanden.

Sollte die Entscheidung fallen, rechtlich bindende politische Internetwahlen anzubieten, sind die technischen und rechtlichen Voraussetzungen in Deutschland als positiv zu bewerten. Eine Anwendung des estnischen Systems scheitert allerdings an der verwendeten Software, welche keine ungültige Wahl zulässt und an der unzureichenden technischen Infrastruktur. Einer deutschen Eigenentwicklung der Software, welche analog zur estnischen funktioniert, aber die Option zur ungültigen Stimmenabgabe enthält, steht jedoch ebenso nichts im Wege wie der Einrichtung bzw. dem Ausbau der Infrastruktur. Das estnische Internetwahlsystem ist in seiner derzeitigen Form nicht in Deutschland einsetzbar, kann jedoch für zukünftige Entwicklungen eine zentrale Vorbildrolle einnehmen.

Literatur

AS Sertifitseerimiskeskus (Certification Center) (o.J.): About SK, in: http://sk.ee/en/about/.

Buchsbaum, Thomas M (2004): Arbeitsgruppe E-Voting im BMI. Bericht, Wien.

Bundesamt für Sicherheit in der Informationstechnik (BSI) (o.J.): Erste Schritte. Voraussetzungen, in: https://www.ausweisapp.bund.de/pweb/cms/ ersteschritte/02-Voraussetzungen/index.jsp.

Bundesnetzagentur (o.J.): Qualifizierte elektronische Signatur, in: http://www.bundesnetzagentur.de/DE/Sachgebiete/QES/QES_node.html.

Chowdhury, M J Morshed (2009): Comparison of e-voting schemes: Estonian and Norwegian solutions, Tartu, in: http://courses.cs.ut.ee/2010/security-seminar-fall/uploads/Main/chowdhury-final.pdf, am 28.01.2013.

CIA World Fact Book: Estonia (2013), in: https://www.cia.gov/library/publications/the-world-factbook/geos/en.html.

Der Bundeswahlleiter (2009): Bundestagswahl 2009. Endgültiges Ergebnis der Bundestagswahl 2009, Wiesbaden, in: http://www.bundeswahlleiter.de/de/bundestagswahlen/BTW_BUND_09/e rgebnisse/bundesergebnisse/.

Digital Signature Act.

Estonian Information System's Authority (o.J.): Activities of RIA, in: http://www.ria.ee/activities-of-ria/.

Hall, Thad (2011): Election Updates. E-Voting in Estonia, 06.03.2011, in:http://electionupdates.caltech.edu/2011/03/06/e-voting-in-estonia/.

Identity Documents Act.

Knoke, Felix (2007): Estland. Tigersprung ins Drahtlos-Netz, 22.06.2007, in:http://www.spiegel.de/netzwelt/web/0,1518,488083,00.html.

Langer, Lucie/Schmidt, Axel (2008): Verbundvorhaben: voteremote: Online-Wahlen außerhalb von Wahllokalen. Teilvorhaben: Sicherheitsanalyse, Darmstadt.

Maaten, Epp (2004): Towards remote e-voting: Estonian case, in: Krimmer, Robert/ Prosser, Alexander (Hrsg.): Electronic Voting in Europe. Technology, Law, Politics and Society, Bonn, S. 81-90.

Madise, Ülle (2008): Internet Voting in Estonia, Seoul, in: http://www.ica-it.org/index.php?option=com_docman&task=doc_download&gid=754&Itemi d=56.

Magiera, Siegfried (2003): III. Der Bundestag. Art. 38, in: Sachs, Michael u.a.: Grundgesetz. Kommentar, 3. Auflage, Nördlingen.

Martens, Tavi (2011): Internet Voting in Estonia, Tallinn, in: http://files.conferencemanager.dk/medialibrary/c15b97b6-4daf-4d8f-bb59-288feb2eee03/images/Tarvi_Martens.pdf

Meißner et al. (2006): Konzepte für die Prüfung und Zertifizierung von Online-Wahlsystemen, Berlin.

Meißner et al. (2008): Online-Wahlen: Zertifizierung und Verifikation, Berlin.

National Election Committee (o.J.): E-Voting System. General Overview, Tallinn 2005 – 2010.

National Election Committee (2010): E-voting concept security: analysis and measures, Tallinn.

OSZE/ODIHR (2011): Estonia. Parliamentary Elections 6 March 2011, Warschau.

OSZE (2007): Parliamentary Elections 4 March 2007. OSCE/ODIHR Election Assessment Mission Report, Warschau.

O.V. (o.J.) Kompetenzzentrum neuer Personalausweis: Kartenleser, in: http://www.ccepa.de/kartenleser.

Riigikogu Election Act.

Skagestein, Gerhard et al. (2006): How to createtrust in electronic voting over an untrusted platform, Bregenz, in: Krimmer (Hrsg.): Electronic Voting 2006, Bonn 2006.

Verfassung der Republik Estland.

Volkamer, Melanie/Krimmer, Robert (2006): Die Online-Wahl auf dem Weg zum Durchbruch. Probleme und Lösungen für die Durchführung von Online-Wahlen in Deutschland, in: Informatik Spektrum, 21(2), S. 98-113.

Will, Martin (2003): Wahlen und Abstimmungen via Internet und die Grundsätze der allgemeinen und gleichen Wahl, in: Computer und Recht, 19(2),S. 126-133.

Alle Internetquellen wurden zuletzt am 05.02.2013 abgerufen.

Teil II

2. Studentische Fachtagung „Politische Soziologie"

07. Juli 2012 in Würzburg

Vorwort zur 2. Studentischen Fachtagung „Politische Soziologie"

Die Wissenschaft ist ein interessantes und zugleich hartes Arbeitsfeld. Sich hier zu bewähren bedeutet, sich zu zeigen. Sich zeigen auf Tagungen, mit innovativen Ideen, interessanten Vorträgen und Selbstbewusstsein. Sich zeigen durch gut strukturierte Beiträge in Zeitschriften, Sammelbänden und sogar Monographien, die die Kritik anderer aufnehmen, diskutieren und die Bereitschaft zeigen, alles wieder zu verwerfen und von Neuem zu beginnen. Das hat auch schon Albert Einstein gewusst: „Zwei Dinge sind zu unserer Arbeit nötig: Unermüdliche Ausdauer und die Bereitschaft, etwas, in das man viel Zeit und Arbeit gesteckt hat, wieder wegzuwerfen"[1] und Romain Rolland behauptete sogar: „Die Wissenschaft kennt kein Mitleid". Die Frage, die sich junge NachwuchswissenschaftlerInnen jedoch stellen, ist, wie und wo man sich beweisen kann. Wie kann sich eine an einer Karriere in der Wissenschaft interessierte StudentIn vor Fachpublikum beweisen, wenn es Bereiche gibt, in denen StudentInnen als ReferentInnen auf Tagungen nicht oder nur selten zugelassen werden. Und was tun, wenn die Angst von etablierten WissenschaftlerInnen abgeschmettert zu werden, groß ist? Diese Angst zu nehmen und StudentInnen der Politik- und Sozialwissenschaften die Möglichkeit zu geben das ‚Tagungsparkett' erstmals zu betreten, hat sich die Deutsche Nachwuchsgesellschaft für Politik- und Sozialwissenschaft e.V. (DNGPS) zum Ziel gesetzt. Dass alle WissenschaftlerInnen, egal ob BA, MA, promoviert oder Postdoc, auch einmal angefangen haben, muss man sich erst einmal vor Augen halten und dass die Angst vor ein solches Publikum zu treten, oft unbegründet ist, auch. Dies ist die Leitidee der DNGPS. Um dieses Vorhaben in die Tat umzusetzen, versammelten sich die jungen NachwuchswissenschaftlerInnen bereits zweimal. Im November 2011 zur Grün-

---

[1] Dank für den Hinweis auf diese treffende Weisheit gilt Simon Dickopf.

dungstagung in Osnabrück und schließlich in Würzburg. Die dort gegründete Arbeitsgruppe Politische Soziologie richtete in Kooperation mit der Ortsgruppe Würzburg, die 2. Studentische Fachtagung im Juli 2012 aus.

Unter dem Motto *Politische Soziologie: Eine Bestandsaufnahme* wurde gebeten, sich aus den eigenen Fachrichtungen mit der Vielfalt der Politischen Soziologie zu beschäftigen. Die Themenwahl fiel in einem angeregten Diskurs der Mitglieder der AG Politische Soziologie in Würzburg. Das Ziel war es, eine möglichst große Bandbreite an Beiträgen aufnehmen zu können und die Politische Soziologie als solches zu zeigen, was sie ist: das Bindeglied zwischen Politikwissenschaft und Soziologie. Egal ob PolitikwissenschaftlerIn oder SoziologIn: VertreterInnen beider Disziplinen sollten sich gleichermaßen angesprochen fühlen. Mit einer Bestandsaufnahme sollte erreicht werden, zu zeigen, dass wohlbekannte Themen unter neuen Gesichtspunkten wieder aktuell durch junge, ambitionierte WissenschaftlerInnen mit einer eigenen Herangehensweise behandelt werden. Weiterhin sollte ein Überblick über zeitgenössische Themen gegeben werden. Damit wurde ein weites Feld eröffnet, dass gut angenommen worden ist. Vier Beiträge wurden letztlich zum Vortrag eingeladen und zeigten die Facetten der Politischen Soziologie auf. An den Vorträgen angeschlossen haben interessante Diskussionen und Anregungen, die den ReferentInnen in angenehmer Atmosphäre bei der Weiterentwicklung ihrer Ideen weiterhalfen. Die Beiträge sollen nun auch in diesem Tagungsband der breiten Öffentlichkeit zugänglich gemacht werden und zeigen, dass der sozialwissenschaftliche Nachwuchs von heute die Wissenschaft von morgen prägen kann – oder zumindest die Herausforderung angenommen hat, dies zu versuchen. Alle Vorträge waren von hoher Qualität, wovon sich der Leser der hier abgedruckten Beiträge überzeugen kann.

Nadja Olloz stellt die Forschungsergebnisse ihrer Masterarbeit zu der Empörtenbewegung in Bilbao vor und beruft sich dabei auf in der Öffentlichkeit und in den Medien kommunizierten Frames. Zwei Beiträge beschäftigen sich mit der Politischen Soziologie im engeren Sinne. Arndt Leininger untersucht die Erklärungskraft des Rational Choice Ansatzes zur Wahlbeteiligung, welche in Anbetracht dieser Theorie als Paradox betrachtet werden muss. Alexander Wuttke schließlich betrachtet das Phänomen Piratenpartei und ihrer basisdemokratischen Entscheidungsfindung unter Berücksichtigung der Theorie von Michels.

In diesem Band nicht wiedergegeben werden wird der Gastgeberbeitrag der WürzburgerInnen, die eine Vielzahl an studentischen Projekten in Form einer Postersession präsentierten. Dabei ging es unter anderem um die Oberbürgermeisterwahl 2008 in Würzburg, Rassismus, Gerechtigkeitsurteile, sowie Fragestellungen aus der Wahlforschung, etwa das Cross-Class-Voting. Während der Session konnten sich alle TeilnehmerInnen bei Kaffee und Kuchen zu den dargestellten Projekten unterhalten oder auch in andere Diskussionen abtauchen. Auch die Würzburger StudentInnen bestätigten fruchtbare Diskussionen zu ihren Projekten, die in ihre weiteren Arbeiten einfließen werden.

Was die unterschiedlichen Beiträge verdeutlichen, ist die Qualität, die auch schon Arbeiten junger WissenschaftlerInnen an den Tag legen können. Ihre Ideen und Arbeiten sollten verstärkt berücksichtigt und gefördert werden. Dieser Tagungsband ist ein erster – aber hoffentlich nicht der letzte – Schritt in Richtung Förderung der jungen WissenschaftlerInnen. In einer Welt in der Nachhaltigkeit zum Schlüsselwort geworden ist, sollte die Investition in den Nachwuchs Priorität genießen.

Düsseldorf und Mainz im November 2012

Mira Hassan
(Vorsitzende Ortsgruppe Würzburg)

Jasmin Fitzpatrick
(ehm. Vorsitzende AG Politische Soziologie)

Frames und Symbole der Indignad@s in Bilbao

Nadja Olloz

Einleitung

„Pienso que el 15-M es un síntoma del cambio. De un cambio que ya está y que tampoco hemos iniciado nosotros. Sino que este sistema capitalista ya ha fallado. O sea, está herido de muerte. Y el 15-M digamos, es un síntoma. Es la fiebre. Entonces eso también me hace pensar que tenemos todas las de ganar." (Teresa)[1]

Das Jahr 2011 zeichnet sich durch weltweite soziale Unruhen aus. Unerwartete Proteste und neue soziale Bewegungen haben sich im arabischen Raum und Südeuropa formiert. In Spanien erreichten die Proteste einen nie da gewesenen Grad der Mobilisierung seit Ende der Diktatur. In den größeren spanischen Städten gab und gibt es Protestcamps, Demonstrationen und Versammlungen, wo die Forderungen der Bewegung des 15. Mai (*15-M*) diskutiert und nach außen getragen werden. Hauptkritikpunkte sind das globale kapitalistische Finanz- und Wirtschaftssystem, das spanische Wahlsystem, Korruption und die hohe (Jugend-)Arbeitslosigkeit. Die Bewegung ist in Spanien vor allem als *15-M* (*quince eme*) bekannt. Die Protestierenden nennen sich selbst auch *Indignad@s*,[2] *Empörte*.

---

[1] „Ich denke, dass [die Bewegung des 15. Mai] 15-M ein Symptom des Wandels ist. Eines Wandels, der bereits da ist und den wir auch nicht ausgelöst haben. Sondern, das kapitalistische System ist gescheitert. Bzw. tödlich verwundet. Und 15-M ist ein Symptom. Sie ist Fieber. Deshalb denke ich, dass wir nur gewinnen können." (Eigene Übersetzung. Name wurde anonymisiert).

[2] Das Zeichen @ steht gleichzeitig für a und o, die weibliche und männliche Form im Spanischen.

Auch im spanischen Teil des Baskenlands[3] gibt es Proteste von *Empörten*, zum Beispiel in Bilbao, der größten Stadt im Baskenland. Bereits zuvor gab es im Baskenland eine rege Protestkultur. Die Proteste waren meist der Frage des rechtlichen Status und der politischen Autonomie des Baskenlands gewidmet. Die aktuelle Protestbewegung der Empörten ist daher speziell: Die „Basken" beteiligen sich erstmals seit Ende der Franco-Diktatur in einer größeren Zahl an einem gesamtspanischen Protest.

Dieser Artikel soll aufzeigen wie eine soziale Bewegung globale Probleme und lokale Auswirkungen verbindet, um die Bevölkerung zu mobilisieren. Zudem soll ein Einblick in die Bewegung des 15. Mai in Bilbao geliefert werden. Wie ist es also *15-M Bilbao*[4] gelungen, zu einer starken, im Baskenland verankerten sozialen Bewegung zu werden? Meine These lautet, dass dies nicht möglich gewesen wäre, wenn die Bewegung nur auf globale und komplexe Probleme, die sich z.B. auf die kapitalistische Produktionsweise beziehen, fokussiert hätte. Erst die Kombination von lokalen Thematiken (Bilbao/Biskaya) mit spanischen und baskischen *frames* (Deutungsrahmen) und Symbolen und die gleichzeitige Transnationalisierung der Bewegung führten zum Erfolg. Es gab in diesem Sinne politische Ziele, die über die regionalen und nationalen Grenzen hinaus eine gemeinsame Bewegung ermöglichten. Die wichtigsten *frames* betreffen das politische System in Spanien, die repräsentative Demokratie und das Zweiparteiensystem, sowie die Medien. Das wichtigste Symbol ist der *Arriaga*-Platz, wo die Empörten ihr Protestcamp (*acampada*) aufgeschlagen hatten und wo sie

---

[3] Euskal Herria („das Land des Baskischen" oder „der baskischen Sprache", heißt aber auch „das baskische Volk") besteht – zumindest aus einer nationalistischen Perspektive – aus der „spanischen" Autonomen Gemeinschaft Baskenland (CAV, Euskadi), Iparralde (dem „französischen" Teil des Baskenlands) und der spanischen Provinz Navarra (Nafarroa). Wenn ich vom Baskenland spreche, meine ich damit die Autonome Gemeinschaft Baskenland.

[4] Heute nennen sie sich M15M Bizkaia (Movimiento 15-M Biskaya, sie verwenden die baskische Ortsbezeichnung).

ihre basisdemokratischen Versammlungen (*asamblea*) abhalten. Die *acampada* und die *asamblea* sind auch wichtige Symbole mit denen sich die *Indignad@s* identifizieren und identifiziert werden.

Ich beantworte die Frage im Kontext der Bewegung der Empörten in Bilbao[5]. Als (ehemaliges) Stahl-Industriezentrum und Hafenstadt hat Bilbao eine lange Geschichte spanischer Immigration. Im Alltag spricht die Mehrheit der Bevölkerung Bilbaos Spanisch. Es gibt jedoch politische Bestrebungen zur Förderung des Baskischen. Auch wenn die lokale Gruppe der Bewegung *15-M* ihre Manifeste und Aufrufe jeweils auf Baskisch übersetzt, wird sie trotzdem von vielen baskischen Nationalisten als spanische Bewegung betrachtet. Dies führte zu Beginn der Bewegung zu einer verhältnismäßig geringeren Mobilisierung. Mit der zunehmenden Transnationalisierung der Bewegung scheint sich dies zu verändern.

Die politische Situation im Baskenland und die Parteienlandschaft unterscheiden sich von der gesamtspanischen. Neben den beiden großen spanischen Parteien PP und PSOE (*Partido Popular* und *Partido Socialista Obrero Español*), ist die PNV-EAJ (die konservativ-christliche Baskische Nationalistische Partei) seit Ende der Diktatur die stärkste Partei im Baskenland. Zudem hat der spanische Staat bis vor kurzem im Baskenland politische Parteien verboten, die eine links-nationalistische (*abertzale*[6]) Ideologie vertreten (*Batasuna, Sortu* etc.). Erst seit 2011 ist die linksnationalistische Partei *Bildu* legalisiert und kann an Wahlen teilnehmen. Sie wurde auf anhieb zweitstärkste politische Kraft im Baskenland.

Um auszuführen, weshalb es der Bewegung in Bilbao gelang die Bevölkerung zu mobilisieren, zeige ich zuerst die Entstehung der Bewegung *15-M* in Bilbao sowie die gleichzeitige Lokalisierung und Transnationalisierung der Bewegung auf. Danach analysiere ich auf welche rein spanischen respektive baskischen *frames* (Deu-

---

[5] Bilbao ist die Hauptstadt der nördlichen spanischen Provinz Biskaya, die zur autonomen Region Baskenland gehört.

[6] *abertzale*: Baskisch für PatriotIn.

tungsrahmen) und Symbole sich die *Empörten* in Bilbao in den Interviews, den schriftlichen und audiovisuellen Dokumenten beziehen.[7] Dafür brauche ich die Begriffe *Symbole* und *frames*. Symbole sind wichtig um eine kollektive Identität, ein Wir-Gefühl herzustellen. Ein Symbol ist als Bedeutungsträger, der für etwas anderes steht, immer auf einen Deutungsrahmen angewiesen, um gedeutet zu werden. *Frames*[8] sind solche Deutungsrahmen, mit denen wir die Welt verstehen und die „Orientierungshilfen für das soziale Handeln" bieten (Herkenrath 2011: 47):

> „Like a picture-frame that highlights what is in the frame but excludes everything outside it, frames are simplifying devices that help us understand and organize the complexities of the world; they are the filtering lenses, so to speak, through which we make sense of this world. frames may take the form of appealing stories, powerful clusters of symbols, slogans and catch words, or attributions of blame for social problems." (Goodwin/Jasper 2009a: 55)

Für die Analyse der Symbole und Deutungsrahmen verwende ich den *Framing*-Ansatz, der besagt, dass „soziale Missstände erst in der sozialen Interaktion und Interpretation überhaupt als 'Probleme' wahrgenommen und wirkungsmächtig werden können" (Herkenrath 2011: 46). Als *framing* bezeichnet wird die Herstellung kollektiver Deutungsmuster, mit welchen soziale Bewegungen neue „AnhängerInnen mobilisieren, die Unterstützung von SympathisantInnen sicher und zugleich auch gegnerische Gruppen in Verruf bringen" (Benford/Snow 2000: 614).

---

[7] Meine Argumente basieren auf den ersten Ergebnissen meiner Masterarbeit. Die meisten Daten stammen aus teilnehmender Beobachtung und Interviews mit *Empörten*, die ich zwischen August und September 2011 in Bilbao geführt habe. Diese kombiniere ich mit Inhaltsanalysen schriftlicher und audio-visueller Dokumente der *Empörten* und Medienberichten über sie, sowie realer „virtueller" Teilnehmender Beobachtung via Facebook, Youtube, Bambuser etc.

[8] Der Begriff des *frames* stammt aus Ervin Goffmans 1974 veröffentlichtem Buch „Frame Analysis".

Laut Goodwin und Jasper sind soziale Bewegungen[9] „conscious, concerted and sustained efforts by ordinary people to change some aspects of their society by using extra-institutional means" (2009b: 3). Feixa et al. benennen folgende Punkte als charakteristisch für „anti-corporate globalization movements"[10]:

> „(i) an emphasis on globalism and transnationality and their articulation with local contexts; (ii) the use of new information and communication technologies, particularly the Internet; (iii) the articulation of economic and identity-based demands; (iv) the development of innovative forms of action; (v) the creation of new forms of organization; and (vi) the gathering of diverse traditions and organizations under a common umbrella." (Feixa et al. 2009: 425)

Alle sechs Charakteristika scheinen auch auf die Bewegung 15 M zuzutreffen.

Seit Julio Caro Baroja (1943) gibt es eine breite anthropologische Forschung zum Baskenland (z.B.: Bray 2004, MacClancy 2008, oder Urla 2012). Zur Bewegung des 15. Mai gibt es bereits viele laufende Forschungen, wie das Projekt des Medienanthropologen John Postill[11] (Postill 2011) in Barcelona und verschiedene Projekte im Rahmen des CCC-Project[12]. Es wurden auch bereits einige Schriften publiziert.[13] Die meisten Forschungen fokussieren dabei auf die Bewegungen in Madrid und Barcelona. Bisher gibt es eine Forschung zu den *Empörten* in Bilbao (Arellano Yanguas et al. 2012).

---

[9] Ein ausführlicher Überblick über anthropologische Forschungen und Theorien zu Sozialen Bewegungen liefern Ton Salman und Willem Assies (2007) und June Nash (2005).

[10] Aus der anthropologischen Forschung zu globalisierungskritischen Bewegungen (z.B. Starr 2000; 2005; Juris 2008) entwickelten Carles Feixa, Inês Pereira und Jeffrey S. Juris (2009) den Ansatz der „new, new social movements".

[11] <http://johnpostill.com>.

[12] "Caught in the act of protest: Contextualizing contestation" <www.protestsurvey.eu>.

[13] z.B. Castells 2012; Corsín Jiménez/Estalella 2011; Himanen 2012; Cardoso/Jacobetty 2012.

Die Bewegung 15-M

Am 15. Mai 2011 fanden in ganz Spanien Demonstrationen statt. Für die Proteste mobilisiert wurde vor allem online, u.a. durch die Gruppe ¡Democracia Real Ya! (Echte Demokratie jetzt) und die Plattform NoLesVotes (Wähle sie nicht) (Corsín Jiménez/Estalella 2011: 19). Zeitgleich zu den Protesten in anderen spanischen Städten, fand auch in Bilbao eine Demonstration statt. Danach wurde beschlossen auf dem Platz vor dem Arriaga Theater zu campen und diesen zu besetzen. Das Protestcamp (acampada) wurde am 19. Juli 2011 geräumt (EITB 2011). Basisdemokratische Versammlungen (asambleas) finden aber seither regelmäßig statt, sowohl auf dem Arriaga-Platz wie auch in den Barrios y Pueblos, den Quartieren und Dörfern der Biskaya.

Einer der Hauptkritikpunkte der Bewegung 15-M ist das spanische Wahlsystem, das die beiden großen spanischen Parteien PP und PSOE bevorzugt. Der anfängliche Fokus der Proteste waren die Regional- und Kommunalwahlen am 22. Mai 2011. Der Slogan lautete „Ni PP Ni PSOE #NoLesVotes" (Weder PP, noch PSOE, wähle sie nicht). Die Bewegung blieb nach den Regionalwahlen und der Räumung des Camps aktiv. Vom 20.-28. August 2011 fanden in Bilbao die wichtigsten lokalen fiestas Festivitäten[14] statt. Die Empörten hatten beim Arriaga-Platz einen Stand. Sie sammelten Unterschriften zu verschiedenen lokalen Anliegen wie der Revision des Stadtreglements Bilbaos. Gleichzeitig verteilten sie Aufkleber und Pins auf denen sie das Symbol der fiestas, die Marijaia, aufgriffen und mit dem eigenen Slogan Hartu Kalea (Bask. Nimm die Straße) verbanden. Auch im September zeigten die Indignad@s beim Protest gegen die Räumung des alternativen Jugendzentrums[15]Kukutza, dass sie sich für lokale Anliegen einsetzen.

---

[14] Fiestas de Bilbao oder auch Aste nagusia (lange Woche) genannt.

[15] Auf Baskisch Gaztetxe (wörtlich Jugend-Haus). Diese sind zentral für die linksnationalistische Jugendbewegung im Baskenland.

Mit dem globalen Aktionstag vom 15. Oktober 2011 (*15-O*) und Demonstrationen in 951 Städten in 82 Ländern (15-O 2011) auf sechs Kontinenten unter dem Slogan #*united for change*, kam es zu einer zunehmenden Transnationalisierung der Bewegung. Im global verabschiedeten Manifest heißt es:

> „Today, like the Mexican Zapatistas, we say […] Enough! Here the people command and global institutions obey! Like the Spanish Tomalaplaza we say *'Democracia Real Ya'* […]! Today we call the citizens of the world: let us globalise Tahrir Square!" (Suarez/Zameret 2011)

Dies wirkte sich auch auf die Bewegung in Bilbao aus. Es scheint seither für „BaskInnen" akzeptabler, als *Empörte* auf die Straße zu gehen, da sie somit an einer globalen und nicht mehr spanischen Bewegung teilnehmen. Am 15. Oktober nahmen in Bilbao 20'000 Personen (mehr als zuvor) am Protest teil und es waren mehr baskische Slogans und Transparente zu sehen, als im Frühling.

Frames

Neben der Transnationalisierung der Bewegung und dem Bezug auf Lokales (*Fiestas, Kukutza*, Stadtreglement etc.), sind für die Mobilisierung und Stärkung der Bewegung auch *frames* wichtig, mit denen die Empörten gesellschaftliche Probleme deuten: Zwei betreffen das politische System in Spanien, die repräsentative Demokratie und das Zweiparteiensystem. Das dritte *frame* betrifft die Medien.

In den Interviews wurde viel über das demokratische System gesprochen. Es wurde immer wieder argumentiert, dass „die repräsentative Demokratie keine richtige Demokratie ist. Die gewählten PolitikerInnen handeln nicht im Interesse des Volkes." Dieses *frame* zeigt sich an den Slogans „*¡Democracia Real Ya!*" (Echte Demokratie Jetzt) oder „*¡No nos representan!*" (Sie repräsentieren uns nicht). Luken[16], ein *Empörter*, sagte, dass ihn der Grundgedanke mobilisiert habe, dass es eine falsche Demokratie sei:

---

[16] Die Namen der Interviewten wurden anonymisiert.

„[Leute sagen:] 'Diese Demokratie ist nicht die Demokratie, die wir wollen. [...] 'Ich bin nicht einverstanden mit dieser Demokratie',[...] Wenn du
all diese Leute siehst, die auf die Straße gehen, weil sie denken, dass diese
Demokratie nicht legitim ist, dann siehst du, dass es andere Dinge gibt,
die man machen kann, als sich nur zu beklagen, dass diese Demokratie
nicht legitim ist." (Luken)[17]

Was meinen die Empörten wenn sie von wahrer, echter Demokratie sprechen? In ihrem Minimalkonsens[18] fordern die *Indignad@s*
eine partizipative Demokratie, die Repräsentation (Wahlen) mit
direkter Demokratie (*asambleas*) und semi-direkter Demokratie
(verbindliche Konsultativabstimmungen und Referenden) verbindet. Das Volk muss direkte Kontrolle ausüben über die politischen
Institutionen (M15M Bizkaia 2011). Zentral für eine echte Demokratie, eine echte Volksherrschaft, ist laut Teresa die Versammlung
des Volkes:

„Was ich v.a. ändern will, [...] das ist das grundlegendste, ist, dass das
Volk eine Stimme hat und zwar mehr als eine Wahl alle vier Jahre. [...Es
braucht] eine Reform des Wahlgesetzes oder des Wahlsystems, die Einführung von Volksversammlungen als Form Politik zu machen und Gesetze zu verabschieden." (Teresa)[19]

Auch wenn sie sich nicht explizit auf Rousseau beziehen, scheinen sich seine Ideen doch widerzuspiegeln: „[D]er Souverän [kann]
nur dann handeln, wenn das Volk versammelt ist" (Rousseau 1977:

---

[17] Alle Interview-Zitate auf Deutsch sind jeweils eigene Übersetzungen. Original:
„'Esta democracia no es la democracia que queremos, no es la democracia que nos
han vendido, no participamos realmente...' [...] 'Yo no estoy de acuerdo con esta
democracia', [...] Cuando ves que toda esa gente sale a la calle porque piensa que
esa democracia no es legítima, ves que hay otras cosas que se pueden hacer aparte
de quejarse de que no es legítima esa democracia." (Luken 1.9.11).

[18] Der *Consenso de mínimos de la Asamblea Popular de Bizkaia* wurde im Juli 2011
nach einem längeren Vernehmlassungsprozess verabschiedet.

[19] „Yo lo que quiero cambiar sobre todo, y creo que es además la base, es que el
pueblo tenga voz y tenga más, más que un voto cada cuatro años. [...] Una refor-
ma de la ley electoral, o del sistema electoral, la aprobación de asambleas del
pueblo como una forma de hacer política y de hacer leyes." (Teresa 8.9.2011).

98). Laut Rousseau ist Vertretung nicht möglich, nur die Versammlung kann Gesetze beschließen (1977: 103). Auch die *Indignad@s* gehen davon aus, dass der Volkswille durch reine Repräsentation nicht umgesetzt werden kann. Weiter wird das Zweiparteiensystem in Spanien kritisiert:

> „Das Zweiparteiensystem lässt keine wirkliche Wahl zu. Die beiden großen Parteien unterscheiden sich nicht signifikant voneinander." Ein Beispiel für dieses *frame* ist die Abkürzung PPSOE – ein Zusammenzug der Abkürzungen der beiden großen Parteien PP und PSOE, oder der Slogan *„Ongi etorri Rubaljoy"* (baskisch: Willkommen Rubaljoy – die Zusammensetzung von Rubalcaba, dem damaligen Kandidaten der PSOE, und Rajoy[20]). Das *frame* kommt in den Interviews häufig vor:

> „Ein Zweiparteiensystem ist keine Demokratie. […] Demokratie ist nicht an den Wahlen teilnehmen zu können und…du kannst wählen wen du willst, aber da gibt es PP und PSOE. […] Hier in diesem Land zählen nicht alle Stimmen gleich viel. Das Parteiengesetz wurde so gemacht." (Kepa)[21]

Kepa betrachtet das spanische Parteiengesetz als ungerecht. Es bevorzugt die großen Parteien. Neben dem politischen System werden auch die Medien und ihr Einfluss auf die Politik als Problem gedeutet:

„Die Medien sind manipuliert und manipulieren zu gleich." Die manipulierenden Medien sind ein *frame*, welches die Leute stark mobilisiert hat. In vielen Interviews spielte die Darstellung der Bewegung in den Medien eine wichtige Rolle:

> „Zuerst hat die Bewegung nicht existiert … Dann bestand die Bewegung nur aus ein paar Verrückten. In der zweiten Phase folgte Diskreditierung

---

[20] Mariano Rajoy (PP) ist heute Ministerpräsident. Mit dem Slogan wurde Rubalcaba, Kandidat der PSOE, am 1. September 2011 von *Indignad@s* empfangen, als er in Bilbao Unternehmer besuchte.

[21] „Bipartidismo no es democracia. […] Democracia no es poder presentarte a las elecciones y…. tú puedes votar a quien quieras, pero ahí está, PP y PSOE. […] Aquí, en este país, no todos los votos no cuentan igual. La Ley de Partidos está hecha para sí." (Kepa 31.8.11).

und Indifferenz. Und danach ist man sehr schnell in die Phase der Disqualifikation übergegangen. Und in diesem Land [...] kann behauptet werden, dass 15-M von ETA inspiriert wird." (Luken)[22]

Insbesondere die Diffamierung der Leute in der Bewegung empörte sie sehr:

„Es gab eine totale Kampagne der Manipulation der Bewegung. Sie [die Medien und die Politiker] haben uns *etarras*[23] genannt, Systemgegner und *perro flautas*[24][...]. Sie versuchen weiterhin uns zu provozieren indem sie uns an jeder Demonstration, die wir machen, schlagen." (Kepa)[25]

Kepa macht keinen Unterschied zwischen den Medien, den Politikern und der Polizei. Daran zeigt sich, dass davon ausgegangen wird, dass die Medien durch die Politik manipuliert werden und eigentlich nur ein Sprachrohr der Politik sind. Indem die Medien Unwahrheiten verbreiten, auch über die *Indignad@s*, verstärken die Medien die falsche Demokratie. Besonders empört hat die Leute, dass gesagt wurde, dass die Bewegung gewalttätig sei und die Demokratie behindere:

„Das [Disqualifizieren der Bewegung als gewalttätig] hat mich wirklich empört. Und das hat mich auf den Gedanken gebracht, dass wenn so großes Interesse besteht, die Bewegung zu disqualifizieren, dann ist der

---

[22] „Porque primero, el movimiento no existe... Después el movimiento son 4 gatos. Segunda fase de descrédito y de indiferencia. Y después empezamos, pasamos y además muy rápido, a la fase de la descalificación. Y en este país [...] se hace de la capa un sayo y podemos plantear que el 15-M está inspirando a ETA." (Luken 1.9.11).

[23] ETA-Mitglieder.

[24] wörtlich: Hund Flöten, bedeutet etwa PennerInnen, Obdachlose.

[25] „Se hizo una campaña total de manipulación del movimiento. Nos llamaron etarras, nos llamaron anti sistema, nos llamaron perro flautas.... Cuando un perro flauta es una persona con un perro que vive en la calle, al que hay que respetar. [...] Siguen intentado provocar pegándonos en cada manifestación que hacemos." (Kepa 31.8.11).

Grund dafür, dass die Bewegung etwas am erreichen ist. Das war für mich der größte Aufruf zur Aktion." (Luken)[26]

Medien sind immer ein wichtiges politisches Mittel des *framings*, denn über die Medien werden kollektive Deutungsmuster verbreitet und Leute dadurch beeinflusst.

Symbole

Neben den *frames* (Deutungsrahmen) sind auch Symbole, als Bedeutungsträger, sehr wichtig für die Mobilisierung. Wie oben aufgeführt, stellen Symbole eine kollektive Identität her und steigern den Wiedererkennungswert der Bewegung. Im Folgenden werde ich auf drei Symbole eingehen, die für die *Empörten* zentral sind und mögliche Verbindungen zu den *frames* herstellen.

Ein wichtiges Symbol für die Bewegung *15-M* ist der Platz. In Bilbao ist *la plaza del Arriagader* Ort, der mit der Bewegung *15-M* in Bilbao assoziiert wird. Dort fand das Camp statt und dort treffen sich die *Indignad@s* für ihre Versammlungen. Auf dem Platz treffen sich „kommerzielle" Kultur (Theater), Tourismus und die angrenzende Einkaufsmeile. Somit eignet er sich bestens als Symbol für den zunehmend kommerzialisierten öffentlichen Raum, den sich die Empörten aneignen, um darauf Politik zu betreiben und ihre Meinungen nach „außen", in die breitere Öffentlichkeit[27], zu tragen.

Die Bewegung *15-M* fand ihren Ursprung im Aufruf „*¡Toma la plaza!"*[28] (Nimm/Besetz den Platz!). Das Besetzen des Platzes bedeutet auch eine Aneignung von öffentlichem Raum.

---

[26] „Aquello fue lo que realmente me indigno. Y me hizo pensar que si había tanto interés en descalificar el movimiento es porque el movimiento algo estaba consiguiendo. Para mí eso fue la mayor llamada a la acción." (Luken 1.9.11).

[27] Wobei die Bewegung 15-M es eigentlich ablehnt, dass eine Dichotomie zwischen Bewegung und Öffentlichkeit, insbesondere durch die Medien, hergestellt wird. Denn nach ihrem Anspruch sollten alle Leute *Empörte* sein.

[28] Dieser Slogan wurde später von der *Occupy*-Bewegung übernommen.

„One of the most interesting aspects of the recent demonstrations has been the reclamation of public spaces for political engagement. The plaza has played a crucial role here." (Corsín Jiménez/Estalella 2011: 20)

Gleichzeitig sind ihre Versammlungen auf dem Platz öffentlich und sichtbar. Auch auf ihrem Internetauftritt (Blog und Facebook-Gruppe) beziehen sich die Empörten auf den *Arriaga*-Platz.

Abbildung 1: Header des Blogs M15M Bizkaia[29]

Quelle: <http://m15mbizkaia.net> (12. November 2011)

„Der *Arriaga* ist unser *Tahrir*-Platz", ist eine Bemerkung, die ich mehrfach hörte. Die *Empörten* beziehen sich damit auf den zentralen Platz der ägyptischen Revolution in Kairo. Damit geben die *Indingad@s* in Bilbao der Bewegung einen transnationalen Rahmen. Was Feixa et al. in Bezug auf globalsierungskritische Bewegungen der 2000er Jahre gesagt haben, trifft auch auf 15-M Bilbao zu:

„Their spatial base is no longer local or national, but is situated in globally networked space, like the neoliberal system these movements oppose. However, their decentralization constitutes a localized internationalism (glocality)." (Feixa et al. 2009: 427)

---

[29] Rechts ist auf der Zeichnung das *Arriaga* Theater zu sehen und links Hände von *Empörten* die in Gebärdensprache applaudieren und somit Zustimmung kundtun.

Diese *Glokalität* zeigt sich im folgenden Zitat, in dem Daniel erzählte, wie in einer Versammlung diskutiert und schließlich beschlossen wurde, den *Arriaga*-Platz umzubenennen:

> „[…Man hatte die Umbenennung in Platz 15-M bereits beschlossen.] Aber eine Dame hob schüchtern die Hand und sagte: 'Also mir scheint das nicht gut, vielleicht täusche ich mich auch, aber Arriaga war […] ein Musiker von hier, aus Bilbao, der hier in der Altstadt geboren wurde. […]' Und dann war ihr Vorschlag, den Namen von Arriaga beizubehalten und selbstverständlich auch von 15-M und also hat die *asamblea* nochmals abgestimmt und natürlich zugestimmt." (Daniel)[30]

Wie die Diskussion um die Umbenennung des Platzes zeigt, bleibt trotz transnationalem Rahmen ein lokaler Bezug. Es kann von einer *Glokalisierung*[31] gesprochen werden. Die *travelling idea*, hier das Symbol des Platzes, wird an den lokalen Kontext (*Arriaga*) angepasst.

Das zweite Symbol ist die *acampada* (Camp), bei dem der *Arriaga*-Platz besetzt wurde. Die *acampada* ist genauso eine Bezugnahme auf den *Tahrir*-Platz, auf dem die Protestierenden ein Zeltlager aufgebaut hatten. Das Zelten und somit Wohnen auf dem öffentlichen Platz war ein zentraler Punkt des Besetzen des Platzes und somit der physischen Aneignung von öffentlichem Raum. Das Protestcamp bestand in Bilbao vom 17. Mai bis zur Räumung am 19. Juli 2011. Die Symbolkraft des Zeltes zeigt sich auch im Comicband „Yes We Camp!" (Plaza 2011), das auch ein Comic über 15-M Bil-

---

[30] „aquí se decidió también cambiarla de nombre en la plaza del Arriaga y se le quería poner plaza de 15-M y se aprobó, era una asamblea bastante grande. Pero una señora muy humildemente levantó la mano y dijo: 'Pues a mí no me parece bien, igual estoy equivocada y no sé, pero Arriaga era […] un músico aquí bilbaíno que nació aquí además, en el Casco Viejo […] Y entonces su propuesta era mantener el nombre de Arriaga y por supuesto también de 15M y de repente pues la asamblea votó otra vez y se aprobó por supuesto ¿no?" (Daniel30.8.2011).

[31] Roland Robertson (1998) untersuchte die Gleichzeitigkeit von Homogenisierung und Heterogenisierung im Prozess der Globalisierung und schaffte den Begriff der *Glokalisierung*. Damit betont er, dass globale Tendenzen stets lokal wirksam werden und jeweils besonderer „Aneignung" bedürfen.

bao enthält (Muriel/Baños 2011). Das Camp diente als Dorf in der Stadt: Es gab eine Küche, einen Garten, eine Bibliothek, die Leute schliefen zum Teil in Zelten oder auf dem Boden und täglich wurden Versammlungen abgehalten. Somit wurden die Forderungen nach einem basisdemokratischen, solidarischen (Zusammen-)Leben direkt in die Praxis umgesetzt.

Auch nach der Räumung des Camps fanden weiterhin basisdemokratische Versammlungen auf dem Platz statt. Während diesen *asambleas/asanbladak*[32] sitzen die Leute im Kreis. Mit Handzeichen wird Zustimmung oder Ablehnung kundgetan. Speziell in Bilbao ist, dass – im Gegensatz zu Madrid oder Barcelona – für einen Beschluss keine Einstimmigkeit nötig ist, sondern eine 80%-Mehrheit als Konsens betrachtet wird:

> „Mir gefallen die *asambleas* [in Bilbao] sehr, weil mir die Idee sehr produktiv erscheint, dass man einen Konsens ohne Einstimmigkeit erreichen kann. [...W]enn es Leute gibt, die die Bewegung 15-M diskreditieren wollen, dann scheint es mir logisch, dass Leute in die 15-M kommen, um zu boykottieren. [...] Ich war bisher noch nie in solchen Entscheidungsfindungsprozessen wie den *asambleas* und ich finde es wirklich sehr spannend und sehr bereichernd. [...F]ür mich ist das eine Methodik, die ein absoluter Erfolg der Bewegung ist." (Luken)[33]

---

[32] *Asamblea* ist die spanische, *asanblada* (plural: -k) die baskische Bezeichnung für Versammlung.

[33] „Bueno, a nivel de Vizcaya... a mí las asambleas me gustan mucho porque esa idea de que se puede llegar a un consenso sin tener una unanimidad me parece realmente productiva. En primer lugar, por las sospechas. O sea... Si hay gente que está tan preocupada por descalificar el movimiento 15-M me aprese lógico suponer que va a haber gente que se meta en el 15-M para boicotearlo. [...] Yo nunca había estado en un proceso de decisión como el de la asamblea y al verdad es que lo encuentro muy interesante y muy enriquecedor. [...P]ara mí es una metodología que es un acierto absoluto del movimiento" (Luken Interview 1.9.11).

Abbildung 2: Arbeitsgruppensitzung auf dem *Arriaga*-Platz[34] am 16.8.2011

Quelle: Eigenes Foto

Die Methode der *asamblea* wurde zum Sinnbild der Bewegung. Das im Kreis am Boden Sitzen verkörpert für die *Empörten* die angestrebte hierarchiefreie Struktur der Bewegung. Die *asamblea* symbolisiert die „wahre" Demokratie, die Volksversammlung, wie im Zitat von Teresa zuvor erwähnt. Die Versammlung verkörpert die Demokratie wie sie nach Ansicht der *Indignad@s* sein sollte: partizipativ, konsensorientiert, basisdemokratisch und nicht von finanziellen Interessen beeinflusst. Die Versammlungen sind offen für alle, auch PassantInnen können sich an der Diskussion beteiligen.

---

[34] Auf dem Foto sieht man eine Arbeitsgruppensitzung mitten auf dem *Arriaga*-Platz. Links im Hintergrund ist das *Arriaga*-Theater sichtbar, rechts der Aufbau der Stände für die *Fiestas de Bilbao*.

Fazit

Im Artikel bin ich der Frage nachgegangen, wie es der Bewegung *15-M* gelungen ist, zu einer starken, im Baskenland verankerten sozialen Bewegung zu werden. Meine These lautet, dass dies unmöglich gewesen wäre, wenn die Bewegung nur auf globale Probleme fokussiert hätte. Erst die richtige Mischung von lokalen Thematiken, wie *Kukutza* oder dem Stadtreglement, mit spanischen und baskischen *frames* (Deutungsrahmen) und Symbolen und die gleichzeitige Transnationalisierung der Bewegung führten zum Erfolg. Mit der weltweiten Ausweitung der Bewegung (*Occupy*) gab in diesem Sinne politische Ziele, die über die regionalen und nationalen Grenzen hinaus eine gemeinsame Bewegung ermöglichten und es für BaskInnen akzeptabel machten, als *Empörte* auf die Straße zu gehen.

Ich habe aufgezeigt, auf welche *frames* sich die Empörten in Bilbao in den Interviews, den schriftlichen und audiovisuellen Dokumenten beziehen, und in welchem Zusammenhang diese *frames* mit den spanischen/baskischen Verhältnissen stehen. Das demokratische System und die Medien sind hierbei Deutungsrahmen, die stark mobilisiert haben. Viele haben gesagt, dass die repräsentative Demokratie und das Zweiparteiensystem in Spanien keine echte Demokratie ist. Die Ideen von wahrer Demokratie, welche die Empörten haben, scheinen Rousseau's Vorstellungen von Volksversammlung als einzigem Souverän und der Unmöglichkeit einer Repräsentation ähnlich.

Des Weiteren sind Medien sehr wichtig für die *Empörten*. Einerseits hat das *frame*, dass Medien manipulieren und manipuliert sind, viele mobilisiert. In den Interviews wurde immer wieder kritisiert, dass das Fernsehen und die Printmedien die Bewegung schlecht darstellen würde: Zuerst hieß es, sie seien nur wenige, dann dass alle *perro flautas*, Linksextreme, Terroristen respektive ETA-AnhängerInnen seien. Der Bewegung *15-M* wurde vorgeworfen, dass sie die Demokratie hindere und gewalttätig sei. Dies hat die Leute stark empört und motiviert sich zu engagieren, um ein alternatives Bild der *Empörten* zu zeigen. Dies geschieht vor allem über das Herstellen und Verbreiten von alternativen Deutungsmustern. Medien sind wichtig für dieses *framing*, für welches die *Indignad@s* vor allem digitale Medien im Internet nutzen[35] (Charakteristikum (ii) Feixa et al. 2009: 425).

In der weiteren Analyse bin ich auf Symbole eingegangen, die eine kollektive Identität, ein Wir-Gefühl herstellen, den Wiedererkennungswert der Bewegung steigern und ein positives Bild der Bewegung (über die Medien) zu vermitteln versuchen. Wichtige Symbole sind dabei der *Arriaga*-Platz, die *acampada* und die *asamblea*. Der *Arriaga*-Platz steht für den zunehmend kommerzialisierten öffentlichen Raum, der von der Bewegung mit dem Slogan *¡Toma la plaza!* besetzt wurde. Die Aneignung ist einerseits eine politische: Der Platz wird verwendet um darauf Versammlungen, *asambleas*, abzuhalten. Diese verkörpern für die Mitglieder der Bewegung „wahre Demokratie". Andererseits ist die *acampada* eine noch stärkere physische Aneignung des Platzes. Die Grenzen zwischen Öffentlichkeit und „privatem" Wohnen verschwinden. „Seine Zelte aufschlagen" ist eine starke Inbesitznahme, wie auch die Umbenennung in *15-M* Platz. Der *Arriaga*-Platz „gehört" *der* Bewegung und *zur* Bewegung. Mit dem *Arriaga*-Platz als zentralem Ort der Bewegung und der *acampada* beziehen sich die *Indingad@s* in Bilbao explizit auf den *Tahrir*-Platz in Kairo und die *Puerta del Sol* in Madrid. Somit geben sie der Bewegung einen transnationalen Rahmen. Dieser wird jedoch lokal angepasst, wie die Diskussion um die Beibehaltung des Namen Arriaga, des Musikers aus Bilbao, zeigt. Es kann also von einer *Glokalisierung* von *travelling ideas* gesprochen werden. Die Symbole des Platzes und des Camps werden an den lokalen Kontext (*Arriaga*) angepasst.

---

[35] Videos von Aktionen und Demonstrationen etc., Facebook-Gruppe und Blog.

Literatur

15-O (2011): 15th October. #United We Will Re-Invent the World. <http://15october.net/de/>. 21. Oktober 2012.

Arellano Yanguas, Javier, Iziar Basterretxea Moreno, Cristina de la Cruz Ayuso und Santiago Yaniz Aramendia (2012): 15-M Bilbao. Estudio de dinámicas sociales en torno a las movilizaciones del 15-M en Bilbao, Vitoria-Gasteiz: Eusko Jaurlaritzaren Argitalpen Zerbitzu Nagusia. Servicio Central de Publicaciones del Gobierno Vasco.

Benford, Robert D.; Snow, David A. (2000): Framing Processes and Social Movements: An Overview and Assessment, in: Annual Review of Sociology,26, S. 611–639.

Bray, Zoë (2004): Living Boundaries. Frontiers and Identity in the Basque Country, Bruxelles: P.I.E.-Peter Lang.

Cardoso, Gustavo; Jacobetty, Pedro (2012): Surfing the Crisis. Cultures if Belonging and Networked Social Change, in: Castells, Manuel (Hg.): Aftermath. The Cultures of the Economic Crisis, Oxford: Oxford University Press, S. 177-209.

Caro Baroja, Julio (1943): Los pueblos del norte de la península ibérica. Análisis histórico-cultural, Madrid etc.: Imprenta Aldecoa.

Castells, Manuel (2012): Networks of Outrage and Hope. Social Movements in the Internet Age, Cambridge: Polity.

Corsín Jiménez, Alberto; Estalella, Adolfo (2011): #spanishrevolution, in: Anthropology Today,27/4, S. 19-23.

EITB (2011): La Policía municipal desaloja la acampada de los indignados de Bilbao. EITB, 19. Juli. <http://www.eitb.com/es/noticias/sociedad/detalle/704571/la-policia-municipal-desaloja-acampada-indignados-bilbao/>. 21. Oktober 2012.

Feixa, Carles; Pereira, Inês; Juris, Jeffrey S. (2009): Global Citizenship and the 'New, New' Social Movements. Iberian Connections, in: Young,17/4, S. 421-442.

Geertz, Clifford (1972): Deep Play: Notes on the Balinese Cockfight, in: Daedalus,101/1, S. 1-37.

Goffman, Erving (1974): Frame Analysis. An Essay on the Organization of Experience, New York: Harper and Row.

Goodwin, Jeff; Jasper, James M. (2009a): Who Joins or Supports Movements? Introduction, in: Goodwin, Jeff; Jasper, James M. (Hg.): The Social Movements Reader. Cases and Concepts, Chichester etc.: Wiley-Blackwell, S. 55-59.

Goodwin, Jeff; Jasper, James M. (2009b): Editor's Introduction, in: Goodwin, Jeff; Jasper, James M. (Hg.): The Social Movements Reader. Cases and Concepts, Chichester etc.: Wiley-Blackwell, S. 3-7.

Herkenrath, Mark (2011): Die Globalisierung der sozialen Bewegungen. Transnationale Zivilgesellschaft und die Suche nach einer gerechten Weltordnung, Wiesbaden: VS Verlag.

Himanen, Pekka (2012): Crisis, Identity, and the Welfare State, in: Castells, Manuel (Hg.): Aftermath. The Cultures of the Economic Crisis, Oxford: Oxford University Press, S. 154-176.

Juris, Jeffrey S. (2008): Networking Futures. The Movements Against Corporate Globalization, Durham, N.C.: Duke University Press.

M15M Bizkaia (2011): Consenso de mínimos de la Asamblea Popular de Bizkaia, in: M15M Bizkaia – Bizkaiko Asanblada. <http://m15mbizkaia.net/presentacion/consenso-de-minimos/>. 30. Oktober 2012.

MacClancy, Jeremy (2008): Expressing Identities in the Basque Arena, Oxford: James Currey.

Muriel, Alberto; Baños, Vanesa (2011): Ha empezado todo el 15 de mayo. In: Plaza, Ricardo Esteban (Hg.): Yes We Camp! Trazos para una (r)evolución, Madrid: Dibbuks, S. 49-54.

Nash, June (Hg.) (2005): Social Movements. An Anthropological Reader, Malden, Mass.: Blackwell.

Plaza, Ricardo Esteban (Hg.) (2011): Yes We Camp. Trazos para una (r)evolución, Madrid: Dibbuks.

Postill, John (2011): Media/anthropology. Blog. <http://johnpostill.com>. 21. Oktober 2012.

Robertson, Roland (1998): Glokalisierung. Homogenität und Heterogenität in Raum und Zeit, in: Beck, Ulrich (Hg.): Perspektiven der Weltgesellschaft, Frankfurt a.M.: Suhrkamp, S. 192-220.

Rousseau, Jean-Jacques (1977): Vom Gesellschaftsvertrag, oder, Grundsätze des Staatsrechts, Stuttgart: Reclam.

Salman, Ton; Assies, Willem (2007): Anthropology and the Study of Social Movements, in: Klandermans, Bert; Roggeband, Conny (Hg.): Handbook of Social Movements across Disciplines, New York: Springer, S. 205-266.

Starr, Amory (2005): Global Revolt: A Guide to the Movements Against Globalization, London etc.: Zed Books.

Starr, Amory (2000): Naming the Enemy. Anti-Corporate Movements Confront Globalization, London: Zed Books.

Suarez, Ana Sofia und Shimri Zameret (2011): A Manifesto for Regime Change on Behalf of all Humanity, in: The Guardian, 14. Oktober. <http://www.guardian.co.uk/commentisfree/2011/oct/14/manifesto-global-regime-change>. 21. Oktober 2012.

Urla, Jacqueline (2012): Reclaiming Basque: Language, Nation, and Cultural Activism, Reno: University of Nevada Press.

The paradox of voting. Can rational choice explain turnout?

Arndt Leininger

Introduction

Since the publication of the first applications of economic theory to politics (e.g. Downs 1957) rational choice, also called public choice, has become a dominant paradigm in political science. "Undoubtedly [offering] the most coherent paradigm in present-day political science" (Overbye 1995: 370) rational choice theory has developed into an abundant literature addressing and providing valuable insights into all kinds of political questions. However, when it comes to voting in elections – one of the most integral parts of democracy and therefore of essential importance to political science – rational choice theory exhibits a puzzling paradox that has become known as the paradox of voting. It goes back to the seminal work of Anthony Downs (1957) "An economic theory of democracy" where he notes that the chances for a voter to cast a pivotal vote are so miniscule that the costs of voting outweigh the expected benefits of voting and that therefore it should not be rational for anyone to vote. This runs counter to the fact that a significant number of citizens turn out to vote on election or referendum days. Various propositions have been made to resolve this widely debated paradox. Critics of rational choice have used the paradox to argue that rational choice is ill-fitted to explain any social behavior. Although viewing it as the "paradox that ate rational choice" (Grofman 1993) may be exaggerated, the question remains whether rational theories of turnout can generate meaningful predictions of turnout.

This paper presents the original paradox as well as the promises and pitfalls of canonical 'solutions' as the expressive voter hypothesis, game theoretic models and minimax regret. Complementing the discussion with selected empirical evidence the article assesses if and in what ways rational choice theory fails or manages to explain voter turnout. I argue that critics wielding the paradox of voting as argument against rational choice often apply too rigid and inappropriate standards and that rational models of turnout provide interesting and relevant insights into voting behavior. In the following section I describe and discuss the paradox and 'solutions'. A third section provides selected empirical evidence and a fourth section concludes.

Theoretical thinking

The Original model

According to the original model proposed by Downs (1957) voters calculate the expected utility of voting as $R = PB - C$. R represents the net benefit of voting to the voter, P is the probability that the voter will cast a vote that makes or breaks a tie, B is the differential benefit the voter derives from her preferred candidate winning over her less preferred candidate and C represents the costs of voting the citizen incurs. In a competitive election voters will have at least two candidates from which to choose. The literature on the paradox of voting assumes two candidates for simplicity and because it is inspired by the political realities of the US. When confronted with an election, a potential voter has to decide whether to vote and if so for whom. The choice is between three possible actions: abstaining(A), voting for her preferred date(V_1) and voting for the other candidate(V_2). When choosing between these possible actions a voter has to consider five distinct states of the world resulting from the voting behavior of the other voters: her preferred candidate wins by more than one vote(S_1), her preferred candidate wins by exactly one vote(S_2), both candidates tie (S_3), her preferred candidate loses by one vote(S_4) and finally her preferred candidate loses by more than one vote(S_5). The choice of a voter and the states of the world in combination determine the outcome. What choice is optimal for a voter depends on which state of the world she perceives to be in. The possible outcomes represented in Table 1 are utilities (R) given the state of the world and a voter's decision. The differential benefit B is normalized to one.

Table 1: Payoff Matrix for Two-Candidate Plurality Election; adapted from (Ferejohn and Fiorina 1974, 527)

	S_1	S_2	S_3	S_4	S_5
	p_1	p_2	p_3	p_4	p_5
V_1	$1-c$	$1-c$	$1-c$	$\frac{1}{2}-c$	$-c$
V_2	$1-c$	$\frac{1}{2}-c$	$-c$	$-c$	$-c$
A	1	1	$\frac{1}{2}$	0	0

Given the framework, the second question can be answered relatively easily. A quick glance at Table reveals that V_2, voting for the other candidate, is weakly dominated by V_1 and A as it always yields a payoff that is lower than or equal to the ones associated with V_1 and A. Thus, the choice reduces to abstaining or voting for the preferred candidate. One can also infer that the only states of the world where V_1 is the best option are states S_3 and S_4. It is intuitive that the likelihood, that candidates either tie or are just one vote apart is miniscule. In the two states of the world where a citizen can make a difference she will only vote if $c < \frac{1}{2}$, no matter what she believes about P (Ferejohn/Fiorina 1974: 527).

What can be inferred about P, the subjective probability of being pivotal? A rational voter will vote (for her preferred candidate) if the expected utility of voting is greater than the expected utility of not participating. The expected utilities of these two actions depend on the subjective probabilities the voter assigns to the different possible states of the world. Of course these probabilities have to sum up to 1 (equations taken from Ferejohn/Fiorina 1974):

$$p = (p_1; p_2; p_3; p_4; p_5); p_j \leq 0, \sum_{j=1}^{5} p_j = 1$$

It follows that the inequality can be written as:

$$[p_1(1-c) + p_2(1-c) + p_3(1-c) + p_4(\frac{1}{2}-c) + (1-p_1-p_2$$
$$- p_3 - p_4)(-c)]$$
$$> [p_1(1) + p_2(1) + p_3(\frac{1}{2}) + p_4(0) + (1-p_1-p_2-p_3$$
$$- p_4)(0)]$$

This simplifies to $p_3 + p_4 > 2c$

In other words "if the citizen's subjective probability that a vote for her preferred candidate will break or create a tie exceeds twice her relative costs of voting, he rationally decides to vote" (Ferejohn/Fiorina 1974: 527). This confirms what we have just seen, that only for the states of the world 3 and 4 will a voter seriously consider voting. P can be operationalized in different ways (see Mueller 2003: chap. 14) but it is always miniscule in large scale elections, giving rise to the paradox of voting if one assumes that the personal cost of voting is not negligible.

Expressive voting

Downs describes the decision to vote as an investment decision, yet voting turns out to be an investment nobody should want to undertake. Riker and Ordeshook (1968) develop his model further by adding a term D to the equation by which they wish to capture the expressive benefits of voting – benefits voters incur independent of the electoral outcome:

$$R = PB - C + D$$

D may represent an interest to uphold democracy (Downs 1957), compliance with the ethics of voting, allegiance to the political system, affirming partisanship (Riker/Ordeshook 1968: 28), or other intangibles. Again, a rational citizen will only vote if $R > 0$. Many critics assert that by introducing D to the equation, Riker and Ordeshook essentially turned the decision to vote into a "consumption decision"(Ferejohn/Fiorina 1974: 526). Since P is miniscule, PB tends towards 0 and the equation therefore reduces to $R = D - C > 0$. The act of voting is 'consumed' if the utility derived from voting exceeds the costs of voting. Though it seems sensible that voters must derive some benefits from the act of voting itself, this proposition remains dubious since it removes any strategic aspects from the theory and reduces it to a question of taste. More profoundly, making appropriate assumptions *post hoc* robs the theory of its predictive potential (Blais et al. 2000: 183). However, Riker and Ordeshook claim that for some citizens $C \geq D \geq 0$ which quires $PB > C - D$; that is, they vote because of the expected investment payoffs of voting. That may be true; however, if the described group is very small, the influence of PB will still be negligible.

Game theory

Palfrey and Rosenthal (1983; 1985) as well as Ledyard (1984) model the decision to vote as a problem of interdependent decision making. If it is irrational for any voter to vote, then everyone abstains. It then becomes rational again for a citizen to vote because she would then be the only, and therefore deciding, voter. If too many vote, however, abstaining again becomes the optimal decision. Hence, there should be an equilibrium where a positive number of voters will decide to vote – in fact, game theoretic models of voting provide a multitude of equilibria with positive turnout.

The first paper by Palfrey and Rosenthal (1983) is an easily accessible exposition of this line of reasoning. They model voters' decisions over voting on two exogenously defined candidates.

There are two groups of voters M and N, each with m and n voters respectively. Voters in each group prefer the same candidate and have identical voting cost c. There are some pure strategy equilibria, however, the more interesting equilibria that do not rely on extreme assumptions are quasi-symmetric in mixed strategies. That means all voters of a group take the same mixed action. These equilibria are defined as the probabilities of voting for each of the groups. An equilibrium depends on M, N and c, and there are in most cases multiple equilibria for any given combination of M, N and c. For instance, if $c < \frac{1}{2}$, $M \geq 1$, $N = 0$, there are M pure strategy equilibria where one citizen votes and the others abstain.

Palfrey and Rosenthal (1983: 46) show that "equilibria exist with substantial turnout even when both the majority is much larger than the minority and the costs of voting are exceptionally high." An equilibrium that persists even in large electorates is that turnout is close to double the number of the minority group. This implies that turnout increases with the closeness of the election. Game theoretic models therefore provide ample evidence that, at least theoretically, voting can be rational but at the expense of clear predictions as there are many equilibria.

Minimax regret

In their treatment of the paradox of voting, John Ferejohn and Morris Fiorina (1974: 527) start off by describing the decision to vote as a strategic dilemma, just as the aforementioned authors do, but they instead posit that voters do not entertain such complex considerations; rather, they employ a simpler form of decision making called minimax regret. This denotes the examination of decision making under uncertainty, not risk. Risk implies that "probabilities can be assigned to state of nature; under uncertainty, state probabilities are unknown or unknowable," so "rather than operating on a matrix of outcome, voters operate on a matrix of regret" (Ferejohn/Fiorina 1974: 527f). The regret for an action given a state of the world is the difference between the outcome the voter achieves and the best possible outcome she could have achieved, given the state of the world (see Table 2).

Table 2: Calculation of regrets for a two-candidate election, when c<½; adapted from (Ferejohn/Fiorina 1974)

	S_1	S_2	S_3	S_4	S_5
V_1	$1-(1-c)=c$	$1-(1-c)=c$	$(1-c)$ $-(1-c)=0$	$\left(\frac{1}{2}-c\right)$ $-\left(\frac{1}{2}-c\right)=0$	$0-(-c)=c$
V_2	$1-(1-c)=c$	$1-\left(\frac{1}{2}+c\right)$ $=\frac{1}{2}-c$	$(1-c)-(-c)$ $=1$	$\left(\frac{1}{2}-c\right)-(-c)$ $=\frac{1}{2}$	$0-(-c)=c$
A	$1-1=0$	$1-1=0$	$\left(\frac{1}{2}-c\right)-\frac{1}{2}$ $=-c$	$\left(\frac{1}{2}-c\right)-0$ $=\left(\frac{1}{2}-c\right)$	$0-0=0$
Highest Payoff	1	1	$1-c$	$½-c$	0

Again V_2 is weakly dominated by V_1 and A. So the decision is again between V_1 and A. So far the analysis looks very similar to that of the calculus of voting. But in the latter, the decision to vote or abstain depends on the expected utility, whereas in the minimax regret framework, a citizen decides to vote if $maxregV_1 <$ $maxregA$. Given the respective maximal regrets it is easy to see that $c < \frac{1}{2} - c$ which can be simplified to $c < \frac{1}{4}$: a citizen will only vote "if the utility gains from the election of her preferred candidate exceeds four times the utility loss of the voting act" (Ferejohn/Fiorina 1974: 528).

In both the minimax regret and the calculus of voting model a citizen would never vote if $c > \frac{1}{2}$, but in the latter model this does not necessarily mean that she would vote if $c < \frac{1}{2}$, as turnout is also dependent on P. Ferejohn and Fiorina (1974: 528) posit that

$p_3 + p_4 > 2c$ is true for fewer people than $c < \frac{1}{4}$ so that minimax regret predicts more turnout. As Blais et al. (1995: 828) note "[t]his is essentially because regret would be high were one's preferred candidate to lose by a single vote simply because one did not go to the polls." They argue that even if voters are not capable of making exact estimates, they should be able to comprehend that the probability that their preferred candidate ties or loses by a single vote is extremely small.

Ferejohn and Fiorina (1975: 921) argue that citizens can vary the choice mechanism they use so that for instance they would use a different line of reasoning to decide how to invest their savings. However, this requires a theory which explains why citizens use certain decision making procedures at certain times. Blais et al. (1995: 828) also argue that if voters apply minimax regret to the decision to vote based on the risk that their candidate might tie or lose by one vote they should also apply it in other circumstances. The chances of being hit by a car while going to the polls are miniscule but do exist, so one can argue that a citizen employing minimax regret reasoning would decide to stay at home in order to minimize maximum regret. It is not clear whether such considerations, which are rather outside the scope of the analysis, present productive theoretical thought. Also it is not clear whether this reasoning applies to minimax regret exclusively. In the calculus of voting these considerations might or might not be included in the C term.

Minimax regret rids the rational model of voting of its "Achilles heel" (Mueller 2003), the miniscule probability of casting a decisive vote. The comparative statics regarding costs and benefits are the same as for Downs's model. Turnout increases in the differential benefits and decreases in the cost of voting.

Preliminary conclusions

The paradox of voting hinges on a particular interpretation of P. All the models reviewed provide some predictions regarding marginal effects, all of them intuitive. Turnout increases as elections are closer in terms of their possible outcomes. A greater perceived difference between candidates tends to raise turnout, while greater costs of voting decrease turnout. The addition of D makes sense in that clearly citizens are also motivated by a sense of civic duty. However, the consideration of these factors is theoretically problematic if no strong assumptions can be made about civic duty. The game theoretic literature faces the problem of exposing a multitude of equilibria. With regards to the costs of voting there is no clear indication of their effect. Minimax regret is equally, if not even more problematic, as the idea that citizens are completely unaware of their miniscule likelihood to be decisive seems very unrealistic. Also, it suggests a simple, but questionable solution of the dilemma by removing the critical variable P. In conclusion: All solutions suggested and presented here solve the paradox in that they make it an instrumentally rational decision to vote. However, parts of those reconciliations of rational choice with empirics come at the expense of predictive power or logical coherence.

Some empirical findings

No social science theory, or indeed general scientific theory about the world, can claim validity on its own grounds by referring tologic alone. The validity of social science theories ultimately remains in the realm of empiricism. This is especially true for the models presented here, as some of them seem to be completely at odds with observed reality. What are the predictions elicited from the models so far? Firstly, the original model predicts no turnout while the other models predict positive turnout. An empirical test of those propositions is trivial. The original model is wrong where the others are right in that there is positive turnout. They, however, do not predict a certain turnout percentage, which would require extremely difficult to gauge a priori assumptions on the variables, a rather futile endeavor. Secondly, however, the models provide us with a number of predictions regarding marginal effects:

Turnout increases in

- P (closeness of election) [predicted by original model, calculus of voting, minimax regret, game theoretic models]
- B (the difference between the policies proposed by candidates) [original model, calculus of voting, minimax regret]
- C (costs of voting) [partly by game theoretic models]
- D (citizen duty, etc.) [calculus of voting]

and decreases in

- C (costs of voting: going to the poll, information costs, etc.) [original model, calculus of voting, minimax regret, partly by game theoretic models].

The papers discussed in this section test these hypotheses in varying ways.

Riker and Ordeshook 1968

Riker and Ordeshook (1968) themselves propose a test of their theory using survey data from the 1952, 1956 and 1960 US presidential elections from which variables for P, B and D can be constructed. Sorting voters into three categories depending on the values of D (high, medium, low), they show that in general people with a high value for D are more likely to vote and that within these groups, members with high P or high B are more likely to vote. Their cross-tabulations confirm the marginal hypotheses inferred from the theory, with D exerting the strongest influence. However, perceived costs of voting were not included and P was measured as perceived closeness of the election, not as perceived probability of casting a deciding vote, criticize Blais et al (2000: 184).

Ferejohn and Fiorina 1975

Ferejohn and Fiorina (1975) estimate a very simple OLS regression model on pre- and post-election surveys for the 1952, 1956,

1960 and 1964 presidential elections. The only variables included are whether respondents see a difference between candidates and an interaction of that variable with another dichotomous variable: whether respondents perceive the upcoming election to be close. They find minimaxregret theory borne out five times (the party differential is significant), and the Downsian model only once (the interaction effect is significant).

Blais, Young, Fleury, and Lapp 1995

Blais et al. (1995) test whether people who agree with minimax reasoning are more likely to vote. For this they used a questionnaire distributed before and after the 1993 Canadian federal election. They found significant acceptance for the minimax statement that reads "I would feel really terrible if I didn't vote and my candidate lost by one vote." 90% of those strongly agreeing with the minimax regret statement voted in the 1992 election, while only 63 % of the other respondents did so. However, these results do not survive a multivariate test including a measure of sense of duty, largely due to the strong correlation between minimax reasoning and sense of duty: "Those who believe it is the duty of every citizen to vote are prone to say they would feel really terrible if they did not vote and their candidate lost by one vote" (Blais et al. 1995: 833).

Blais, Young, and Lapp 2000

Blais et al (2000) report that "B, P, and C each matter, but only among those with a relatively weak sense of duty," with D being the most influential factor. They conducted two surveys before and after the 1995 referendum on independence in Quebec and the 1996 provincial elections in British Columbia testing the influence of B, P and C while also controlling for other standard factors, for example, feeling of duty. As their dependent variable they chose the ex-ante probability of voting. Their regressions yielded a low R^2 of 0.18, the most influential factor being duty, which as Blais et al. (2000: 184) posit" should be construed as exogenous to the rational choice model." The influence of duty is followed, by a wide margin, by political interest. However, the coefficients on the components or the rational models do point in the right direction. Another interesting result was that "significant minorities of each electorate overestimated their chances of casting the deciding vote" (Blais et al 2000: 186). In a different paper, Blais and his co-author describe an experiment conducted during the 1993 Canadian federal election in which they find that participants who have been subjected to a ten-minute presentation on the paradox of voting exhibit lower turnout rates than control groups who have not been subjected to it (Blais/Young 1999).

Matsusaka and Palda 1999

Matsusaka and Palda (1999) use survey data from four consecutive Canadian national elections (1979, 1980, 1984, 1988) to test whether standard variables from the voting literature can explain the variation in turnout. They regress turnout on standard variables such as age, gender, education, income, employment status and voting district demographics, as well as closeness of elections (P) measured as difference of vote between the top two finishers. However, they do not include measures of B and C while D is only indirectly taken into account. They find that these variables explain very little. The R^2 of their models ranges between 0.073 and 0.145. To control for important variables that remain constant over time yet are missing from the equation, they add a dummy variable that indicates whether an individual voted in the previous election. By doing so, the authors hope to capture the D term because "if an unobserved variable like citizen duty is in fact a primary determinant of participation then if a person's sense of duty drives him to vote in one election it is likely to drive him to vote in the next" (Matsusaka/Palda 1999: 440). This increases the fit of the regressions considerably: R^2 is now between 0.163 and 0.230, confirming the previous results presented that D is the single most important determinant of turnout, but the overall fit is still poor. Matsusaka and Palda conclude that significant non-time-stationary variables are missing from the calculation. While their results are bad news for theories of turnout in general, they interpret their results as support for rational theories of turnout which rely on factors that should vary over time, rather than sociological approaches which focus on values that should be constant over time.

Conclusion

Critics of rational choice will probably not be very impressed by the results presented here. They argue from a standpoint that social science research should be able to explain a given phenomenon in its entirety. This is known as the "causes of effects" approach, predominant in qualitative social science research (Mahoney 2006). Proponents of that approach then see a low R^2 in quantitative work as a sign of failure by the theory to explain anything meaningful. However, this view is flawed. Firstly, other (e.g. sociological) explanations do not fare better – most of the variation in turnout remains unexplained even when accounting for factors outside the classical rational choice model. To judge a theory, one has to compare it to others and in this regard the rational choice approach to voting is not obviously second to others. Secondly, the "causes of effects" approach is not an appropriate paradigm when it comes to turnout. Predicting the pure number of voters who participated relative to those who were eligible, contrary to predicting electoral results, carries no intrinsic informational value. Aiming at a high R² to better predict turnout is therefore futile. Also, the statistical errors seem to be rather random due to arbitrary small effects, likely outside the sphere of influence of politics, which reinforces the argument that simply aiming at explaining overall turnout is not very interesting.

In contrast, most quantitative work is inspired by the aim to measure "effects of causes" (Mahoney 2006). This work focuses on estimating the causal effect of factors such as that of the costs of voting on turnout. This is also highly relevant from a policy point of view as it gives policy makers an indication which policies would raise or depress turnout and how effective they would be in doing so. Mueller (2003: chap. 14), who examines a wider range of studies, finds that coefficients on measures of B and D always point in the right direction if they are significant. He looks at an even larger range of studies on P and concludes that although the coefficient sometimes has the wrong sign, more often than not P has the expected sign and is statistically significant. The fact that P is mostly negligible in empirical accounts supports the rational voter hypothesis. The action is mostly in D, B and C, with D being the most important factor. Here, the comparative statics of rational models of turnout are broadly supported. The paradox of voting essentially lies in the flawed assumptions about P. Other approaches presented here do not have this problem but are problematic in other regards. However, they all provide correct intuitions about how certain factors affect turnout, which is more valuable than trying to predict overall turnout, and in that sense rational choice does explain turnout.

Bibliography

Aldrich, John H. (1993): Rational Choice and Turnout, in:American Journal of Political Science, 37/1, S. 246-278.

Blais, André; Young, Robert(1999): Why Do People Vote? An Experiment in Rationality,in: Public Choice,99/11, S. 39-55. doi:10.1023/A:1018341418956.

Blais, André; Young, Robert; Fleury, Christopher; Lapp, Miriam(1995): Do People Vote on the Basis of Minimax Regret? in: Political Research Quarterly, 48/4,S. 827-836. doi:10.1177/106591299504800408.

Blais, André; Young, Robert; Lapp, Miriam(2000): The Calculus of Voting: An Empirical Test,in: European Journal of Political Research, 37/2, S. 181-201.

Downs, Anthony(1957):An Economic Theory of Democracy. Harper & Row.

Duffy, J.; Tavits, M.(2008): Beliefs and Voting Decisions: A Test of the Pivotal Voter Model, in:American Journal of Political Science, 52/3, S. 603-618.

Ferejohn, John A.; Fiorina, Morris P.(1974): The Paradox of Not Voting: A Decision Theoretic Analysis,The American Political Science Review,68/2, S. 525-536.

Ferejohn, John A.; Fiorina, Morris P.(1975): Closeness Counts Only in Horseshoes and Dancing, in:The American Political Science Review,69/3, S. 920-925.

Grofman, Bernard(1993): Is Turnout the Paradox That Ate Rational Choice Theory?in:Grofman, Bernard (Hg.): Information, Participation & Choice: An Economic Theory of Democracy in Perspective, Ann Arbor MI: University of Michigan Press, S. 93-103.

Ledyard, J. O. (1984): The Pure Theory of Large Two-candidate Elections,in: Public Choice, 44/1, S. 7-41.

Mahoney, J. (2006): A Tale of Two Cultures: Contrasting Quantitative and Qualitative Research,in: Political Analysis, 14/3, S. 227-249. doi:10.1093/pan/mpj017.

Matsusaka, John; Palda, Filip(1999): Voter Turnout: How Much Can We Explain,in: Public Choice,98/3,4, S. 431-446.

Mueller, Dennis C. (2003):Public Choice III,Cambridge: Cambridge University Press.

Overbye, E. (1995): Making a Case for the Rational, Self-regarding,'ethical'voter... and Solving the 'Paradox of Not Voting'in the Process,in: European Journal of Political Research, 27/3, S. 369-396.

Palfrey, T. R.; Rosenthal, H.(1983): A Strategic Calculus of Voting, in:Public Choice,41/1, S. 7-53.

Palfrey, Thomas R.; Rosenthal, Howard(1985): Voter Participation and Strategic Uncertainty, in:American Political Science Review,79/1, S. 62-78.

Riker, W. H.; Ordeshook, P. C.(1968):A Theory of the Calculus of Voting, in:The American Political Science Review, 62/1, S. 25-42.

Die Prekarität des Partizipationsversprechens der Piratenpartei

Alexander Wuttke

Professionalisierung und Selbstregierung aus dem Blickwinkel der Oligarchisierungstheorie Robert Michels

Die Etablierung der Piratenpartei als neuer Kraft im Parteienspektrum ist gesellschaftliches Krisensymptom und -reaktion zugleich. Die Transmission der hochdynamischen Interessens- und Meinungsvielfalt spätmoderner Demokratien in den politischen Prozess scheint aus dem Takt und die Responsivität des politischen Systems ins Wanken geraten. Die Gleichzeitigkeit der Zunahme von Komplexität und der Beschleunigung politischer Entscheidungen verläuft diametral zu den trägen Verhandlungsprozessen demokratischer Institutionen (Lamla/Rosa 2012:175–8). Die „Zeitkrise des Politischen" (Korte 2011) bedeutet nicht nur eine Herausforderung für die handelnden Entscheidungsträger, sondern zehrt an der Rückbindung des Politischen an den Souverän. Die „Desynchronisation zwischen dem etablierten demokratisch-politischen Prozess und der soziokulturellen Entwicklung" (Lamla/Rosa 2012:178) verlangt nach neuen Formen und Verfahren politischer Partizipation in der beschleunigten Demokratie.

Scheinbar aus dem Nichts kommend übernahm die Piratenpartei als neue, unverbrauchte Kraft die Funktion einer Artikulationsinstanz der unrepräsentierten Forderungen nach neuen Formen der Beteiligung (Onken/Schneider 2012). Sie re-aktualisiert das Versprechen der Demokratie auf das Ideal politischer Gleichheit (Siri 2012; Borchert 2012). Der repräsentativen, auf vereinzelte Wahlakte beschränkten Demokratie setzt sie das Konzept der „Liquid Democracy" entgegen, nach der der Einzelne selbst entscheidet, worüber er entscheidet. Ihre Antwort auf die „Zeitkrise des Politischen" ist die Digitalisierung des Politischen. Mit der Implementierung digitaler Partizipationstechniken und einer neuartigen Form von Parteiorganisation verspricht die Partei sowohl die Qualität getroffener Entscheidungen zu erhöhen als auch die Beteiligung auf eine breitere Basis zu stellen. Glaubwürdig erscheinen sie, weil sie die Verheißung mehr Demokratie zu wagen, in der eigenen Partei (vor)leben wollen. Die Partei selbst –ihr institutioneller Aufbau, ihre Formen digitaler und egalitärer Willensbildung und ihr Prinzip der Gleichberechtigung Aller– soll Prototyp eines gesellschaftlichen Modells sein, das dem Einzelnen eine neue Qualität von Teilhabe ermöglicht.

Robert Michels und die Piratenpartei

Mit ihrer innerparteilichen Demokratisierungsstrategie unternimmt die Piratenpartei bewusst oder unbewusst den Versuch, eine der Gründungstheorien der empirischen Parteienforschung durch eigene Praxis widerlegen. In „eine[m] der einflussreichsten Bücher des 20. Jahrhunderts" (Lipset 1962:20) hatte der deutsch-italienische Soziologe Robert Michels (1911) jede Hoffnung auf die Möglichkeit innerparteilicher Demokratie für vergebens erklärt. Denn im Wesen der Organisation selbst liege ein „ehernes Gesetz der Oligarchie" begründet, nach dem sich in jeder politischen Partei eine herrschende Minorität über eine beherrschte Majorität erheben würde. Zwangsläufig verkomme die Basis zum Spielball einer übermächtigen Parteiführung und die Massensouveränität verkümmere auf rein proklamatorische Funktionen beschränkt zu einem formalen Relikt in den Paragraphen der Parteistatuten, während in der Organisationswirklichkeit die Parteieliten den Kurs der Partei nach Belieben bestimmten.

Zwar erwies sich der rigorose Determinismus Michels nicht als haltbar. Er hatte die Dynamik und Komplexität innerparteilicher Machtbeziehungen unterschätzt (Panebianco 1988; Beyme 2000:144; Pfetsch et al. 2003:486–506; Linz/Chehabi 2006; Bluhm/Krause 2012). Nicht ohne Grund ist die Theorie Robert Michels dennoch bis heute ein „primärer Bezugspunkt" (Niedermayer 1993:230) der Politikwissenschaft geblieben. Denn trotz berechtigter Kritik an seinen theoretischen Annahmen und methodischen Mängeln erwiesen sich Michels Prognosen in mancherlei Hinsicht als überaus weitsichtig. Die von der Party-Change-Forschung nachgezeichneten Wandlungstrends von Parteiorganisationen unterstreichen die von ihm aufgezeigten Wandlungstendenzen politischer Parteien: Entmachtung der Basis, Professionalisierung von Parteikommunikation und –strategiesetzung und eine Vormachtstellung der Parteieliten insbesondere in der „party in public office" (Wiesendahl 2010:111–114). Dass dieser Organisationswandel entsprechend dem von Michels postulierten evolutionären Charakter politischer Parteien verläuft, zeichnet Eike-Christian Hornig theoretisch nach und zeigt, „dass sich die ideal- und realtypische Entwicklung stringent auf die Entkopplung von Mitgliedschaft und Elite [...] zubewegt hat" (Hornig 2008:60). Die von Michels aufgezeigten Oligarchisierungsmechamismen scheinen so tief in das Wesen moderner Organisationen verwoben zu sein, dass seine These eines „ehernes Gesetzes der Oligarchie" zumindest als „bronzenes Gesetz" (Sartori 1992:157) Bestand hat und auch heute innerparteilichen Demokratisierungsversuchen entgegenläuft.

Im Folgenden will ich daher eine Annäherung an die Einlösbarkeit des Partizipationsversprechens der Piratenpartei vor dem Hintergrund der Theorie Robert Michels unternehmen. Ich werde mich dabei mit der Konzentration auf die technisch-administrativen Faktoren der Michelsschen Oligarchisierungstheorie auf zwei ausgewählte Argumente Michels (Machtasymmetrien durch Spezialisierung und die Unmöglichkeit der Selbstregierung) beschränken, die auch in der gegenwärtigen Parteienlandschaft eine hohe Plausibilität aufweisen.

Meine Analyse stützt sich auf leitfadengestützten Experteninterviews mit Piraten verschiedener Hierarchieebenen und teilnehmende Beobachtungen von Online- und Offline-Gremien der Piratenpartei.

Spezialisierung und Professionalisierung

Das Prinzip der Organisation ist nach Michels die „conditio sine qua non" (Michels 1911:25) eines jeden demokratischen Zweckverbundes „als des einzigen Mittels zur Erzeugung eines Gesamtwillens" (Michels 1911: 24). Analog zur Bürokratisierungstheorie Max Webers argumentiert Michels, dass jede Organisation ab einer gewissen Größe zwangsläufig der Professionalisierung und Spezialisierung bedürfe, um der steigenden Komplexität gerecht zu werden. Damit würde Herrschaftswissen (über formale Instanzenwege, politische Praktiken etc.) in den Händen der Parteielite gebündelt, die ihr Monopol vor dem Zugang Anderer abschirmen, sodass mit zunehmender Amtsdauer von Funktionsträgern ein herrschaftsstabilisierender Kreislauf entstünde.

Diesem Mechanismus versucht die Piratenpartei mehrstufig zu begegnen. Die Entstehung individuellen Herrschaftswissens will die Partei mit dem "engagierten Amateurstatus" (Bieber 2012:28) ihrer Mitglieder begegnen. Dennoch entstehende Informationsasymmetrien sollen durch digitale Mittel der Wissensdiffusion ausgeglichen werden. Hier werde ich als prominente Methode insbesondere die Transparenz öffentlicher Sitzungen dahingehend betrachten, inwieweit sie als Instrument zum Ausgleich von Machtungleichheiten geeignet scheint.

Do-It-Yourself-Kultur als Substitutionsversuch einer professionalisierten Parteibürokratie

Die Arbeitsorganisation der Piratenpartei als „privilegienfreie Mitmachpartei" (Hartleb 2012:2) ist niedrigschwellig und vergleichsweise informell angelegt. Der Verzicht auf steuernde Leitgremien eröffnet den Mitgliedern große Freiräume zur Eigeninitiative, sodass sich in der Partei eine ausgeprägte Do-It-Yourself-Mentalität entwickelt hat. Solange es nicht dem „gesunden Menschenverstand" oder Parteibeschlüssen zuwiderläuft, steht es jedem Piraten frei im Rahmen des sogenannten „piratigen Mandats" auch ohne Gremienbeschluss im Sinne der Piratenpartei tätig zu werden.[1] Den Mitgliedern wird viel zugetraut – aber auch viel abverlangt. Die Piratenpartei dürfte eine der wenigen Parteien sein, die nicht nur Mitgliedsrechte, sondern auch die Pflicht zur Mitarbeit in ihrer Bundessatzung formal verankert hat: „Jeder Pirat hat das Recht *und die Pflicht* [...] sich an der politischen und organisatorischen Arbeit der Piratenpartei Deutschland zu beteiligen" (Piratenpartei Deutschland 2012, Herv. v. Autor).

Diese Do-It-Yourself-Kultur ermöglicht es organisatorische und administrative Aufgaben, die in politischen Parteien für gewöhnlich durch Parteiangestellte ausgeführt werden, durch die Arbeitskraft Ehrenamtlicher zu substituieren. Service-Gruppen kümmern sich um die Partei-IT, die Pressearbeit sowie Mitglieder- und Finanzverwaltung. In Nordrhein-Westfalen sorgt gar eine AG „Schnittchen" für die Verpflegung auf Mitgliederversammlung.[2] Jedoch sind auch unbezahlte Service- und Arbeitsgruppen Formen der Spezialisierung, die zur Anhäufung privater Wissensbestände führen. Ein Parteimitglied wies darauf hin, dass sie sich zu "kleinen Königreichen" (Popp 2012) entwickelt hätten, die sich zunehmend abschotteten. Zudem ist angesichts des anhaltenden Parteiwachstums bereits absehbar, dass das Ehrenamtsprinzip an seine Grenzen stoßen wird (Niedermayer 2012:89). Die Piratenpartei vermag also Professionalisierungs- und Spezialisierungstendenzen abzumildern, aber nicht grundsätzlich aufzuheben.

Wissensdiffusion und die Fragilität des Transparenzgebots

Damit parteiinternes Wissen nicht einem exklusiven Kreis vorbehalten bleibt, bedient sich die Piratenpartei diverser technischer Instrumente (dazu ausführlich Bieber/Lewitzki 2012a). Im Mittelpunkt steht dabei das Piraten-Wiki[3], das einer Zentralbibliothek

---

[1]Vgl. http://andipopp.wordpress.com/2012/10/24/basisvektor-folge-3-das-piratige-mandat/, https://mobile.twitter.com/sekor/status/240792526003527681?.

[2]http://wiki.piratenpartei.de/NRW:Arbeitsgruppe/Schnittchen.

[3]http://wiki.piratenpartei.de/.

der Partei gleicht. Hier finden sich sämtliche Statuten und Parteitagsunterlagen. Kandidaturen und Anträge[4] werden hier im Vorfeld von Parteitagen präsentiert und diskutiert. Es enthält ein Spendenregister[5], eine öffentliche Buchführung[6] mit aktuellen Kontobewegungen und Mitgliedsständen sowie Terminübersichten. Insgesamt umfasst das Wiki knapp 50.000 Seiten.[7]

Vor allem ist das Wiki ein Instrument zur öffentlich zugänglichen Archivierung der Sitzungsprotokolle aller Organisationseinheiten der Partei. In der Piratenpartei ist die Öffentlichkeit von Sitzungen der Regelfall und gilt sowohl für die Gremien der Partei als auch für Sitzungen der Parlamentsfraktionen. Das Gebot öffentlicher Sitzungen als sachlicher Entparadoxierungsversuch potenzieller Oligarchisierungsprozesse erprobten die Grünen bereits in den 80er Jahren (Brodocz et al. 2012:282f). Anders als damals ermöglichen digitale Werkzeuge heute eine neue Qualität in der Etablierung öffentlicher politischer Arenen. Während in unteren Parteiebenen in der Regel ein schriftliches Ergebnisprotokoll veröffentlicht wird, erlaubt die audio-visuelle Aufzeichnungsform –oft auch als Live-Übertragung– auf höheren Parteiebenen darüber hinaus den Entscheidungsfindungsprozess selbst nachzuvollziehen. Erst dadurch wird die Rekonstruktion von Sinnzusammenhängen und die Interpretation des politischen Prozesses und dessen Ergebnisse möglich (Knobloch 2011). Idealiter durchbricht die Transparenz politischer Praktiken die Barriere zwischen Insidern und Outsidern, verringert die Informationsasymmetrie zwischen Parteielite und Parteibasis und schafft damit eine Grundbedingungen unvermachteter Diskurse.

Wird Transparenz jedoch in diesem Sinne als Instrument der Herrschaftskontrolle verstanden, ergibt sich ein zumindest latentes

---

[4]http://wiki.piratenpartei.de/Antragsfabrik.

[5]http://wiki.piratenpartei.de/Finanzen/Spenden_2012.

[6]http://wiki.piratenpartei.de/Finanzen.

[7]http://wiki.piratenpartei.de/Statistik, Stand: 05.11.12.

Interesse der Parteieliten sich der Kontrolle eigenen Handelns zu entziehen. Es stellt sich die Frage nach der Durchsetzbarkeit des Transparenzgebotes, wobei formale und informelle Umgehungsstrategien denkbar sind. In der Piratenpartei ist der Gültigkeitsbereich des Transparenzgebotes unbestimmt. In den Sitzungen der Landtagsfraktionen hat sich die Aufteilung in einen öffentlichen und einen nicht-öffentlichen Teil etabliert, in dem beispielsweise über die Auswahl und Anstellung neuer Mitarbeiter entschieden wird. Der Versuch einer Spezifizierung und Kodifizierung des Transparenzgebotes wurde bisher nicht unternommen. Die konkrete Umsetzung des Transparenzgebotes ist ungeregelt und beruht auf Gewohnheiten und diffusen Normen. Die Grenzziehung zwischen öffentlichen und nicht-öffentlichen Beratungen ist das Resultat spontaner Ad-hoc-Entscheidungen. So liegt die Umsetzung und Ausgestaltung dieses Instrumentes der Herrschaftskontrolle in den Händen der zu Kontrollierenden. Praktisch gesprochen: Jede Fraktion entscheidet für sich, wann sie den Live-Stream an- und abschaltet. Transparenz ist damit latent willkürlich und manipulationsanfällig.

Auch bei formaler Befolgung des Transparenzgebotes bleibt die Möglichkeit eines schleichenden Substanzverlustes der in öffentlichen Arenen verhandelten Fragen virulent. Welches Interesse haben die der allgemeinen Kontrolle unterliegenden Akteure heikle Personal- oder Sachfragen nicht in geschlossenen Zirkel „vorzudiskutieren" und damit die eigentlichen Meinungsbildungsprozesse in intransparente Nebenarenen zu verlagern? Öffentliche Arenen laufen die Gefahr ihren Charakter als Räume nicht-vorstrukturierter Diskurse zu verlieren und zu Kulissen orchestrierter Schaufensterreden zu degenerieren. Öffentliche Sitzungen verkämen so zu einem Torso, der den formalen Anforderungen als beschlussfassendes Gremium zwar gerecht wird, informell aber die eigentlichen mit dem Transparenzgebot verfolgten Ziele unterläuft.

Dass diese Überlegungen nicht bloße Theorie sind, zeigt das Beispiel der Berliner „Geheim-Klausurtagung" im Juni 2012. Ohne vorherige Ankündigung tagte die Abgeordnetenhausfraktion mehrere Tage hinter verschlossenen Türen (formale Umgehung des Transparenzgebotes) und beschloss eine umfassende Organisationsreform wie den Umbau der Fraktionsführung in eine Doppelspitze.[8] Auf Druck der Basis wurde die Wahl der neuen Fraktionsvorsitzenden zwar öffentlich durchgeführt. Ihr Ergebnis stand jedoch bereits vor dem Wahlgang auf Grund informeller Absprachen der Fraktionsmehrheit fest (informelle Umgehung), sodass selbst ein Fraktionsmitglied von einer „abgekaterten" Wahl sprach, die einer „Farce" gleichkomme.[9]

Die latente Fragilität und Manipulationsanfällig des Transparentgebotes in seiner gegenwärtigen Unbestimmtheit als nicht sanktionsfähige Norm begrenzt seine Wirkung als Instrument der Elitenkontrolle. Nichtsdestotrotz verringert die im Parteienvergleich hohe Nachvollziehbarkeit parteiinterner Entscheidungsprozesse die Informationsasymmetrie zwischen Parteielite und Parteibasis, macht Entscheidungen der Führungsgremien persönlich zurechenbar und scheint geeignet die Verantwortlichkeit und Responsivität der Parteieliten zu erhöhen.

Die praktische Unmöglichkeit der Selbstregierung

Als Hauptargument für das „eherne Gesetz der Oligarchie" führt Michels die praktische Unmöglichkeit der Selbstregierung eines (Partei-) Volkes an. Nicht nur seien die meisten Mitglieder überfordert, sich zu jeder Sachfrage eine Meinung zu bilden. Auch wäre die physische Zusammenkunft aller Mitglieder zur gemeinsamen Beratung und Entscheidung ab einer gewissen Organisationsgröße nicht mehr durchführbar, sodass bei anhaltendem Orga-

---

[8]Vgl. http://www.tagesspiegel.de/berlin/transparenz-ade-berliner-piraten-tagen-hinter-verschlossenen-tueren-/6767984.html und
http://www.piratenfraktion-berlin.de/2012/06/21/fraktionsklausur-in-potsdam-und-fraktionssitzung-am-22-juni-2012/, Stand: 10.08.12.

[9]Vgl. https://fraktion.piratenpad.de/ao-Fraktionssitzung-2012-06-22?, Stand 09.08.12.

nisationswachstum die Einführung eines Delegationssystems schon aus praktischen Erwägungen unausweichlich werde. Als Principal-Agent-Theoretiker avant la lettre hielt er die Bindung des Delegierten an die Interessen der Vertretenen für unmöglich, sodass „mit der Beendigung des Wahlaktes die Macht der Delegierenden über ihre Delegierten ihr Ende erreicht" (Michels 1911:133), womit die „Herrschaft der Vertreter über die Vertretenen" (Michels 1911: 133) eingeleitet sei. Jedes Delegationsprinzip sei der Todesstoß innerparteilicher Demokratie, weil es „gleichzeitig Ausdruck und Vernichtung der Massensouveränität" (Michels 1911: 130) sei.

Michels spricht damit den meisten Piraten aus der Seele. Dem Konzept der „Liquid Democracy" entsprechend, nach dem jeder darüber entscheiden kann, worüber er entscheiden will, gehört die Ablehnung des Delegationsprinzips zum Grundkonsens der Partei. Die nicht vertretbare Souveränität des Mitglieds ist als Heiligtum der Piratenpartei sakrosankt und spiegelt sich in der Organisationsstrukturen der Partei wieder.

Da auch die Piratenpartei den Vorgaben des Parteiengesetzes Rechnung tragen muss, entspricht der Organisationsaufbau der Piratenpartei auf den ersten Blick der klassischen, territorial gegliederten Strukturhierarchie anderer Parteien. Auf der realen Arbeitsebene gleicht die Parteistruktur dagegen einem dynamischen Netzwerk, dessen oft kurzlebige Elemente mit komplexen, wechselnden Querverbinden untereinander verknüpft sind. Die Parteiarbeit wird in informellen, von einzelnen Mitgliedern initiierten Zusammenschlüssen erledigt, die nur lose mit den offiziellen Parteiorganen verknüpft sind. Diese freiwilligen Zusammenschlüsse kennen in der Piratenpartei verschiedene Organisationsformen: Squads, Crews, Projekt-, Arbeits- und Servicegruppen, Stammtische sowie BarCamps und andere Dialog-Formate. Jedes Mitglied schafft sich seine Organisationsumwelt selbst: Wer zu einem Thema arbeiten möchte, schließt sich mit Gleichgesinnten zusammen – beispielsweise zur Gründung einer Arbeitsgruppe. Ist den Mitgliedern die Lust am Thema wieder vergangen, geht die Arbeitsgruppe in einen Status der Inaktivität über und wird möglicherweise zu einem späteren Zeitpunkt wieder erweckt. Dieses Panorama der Partizipationsangebote erlangt ihre volle Funktionsfähigkeit durch die digitale Vernetzung der Mitglieder. Mailing-Listen, Blogs, Foren sowie Kommunikations- und Kollaborationssoftwares machen die funktionale Ergänzung der Offline- und Online-Sphären möglich und schaffen trotz der nur losen formalen Vernetzung der Arbeitseinheiten eines zusammenhängen Diskursraum (Bieber/Lewitzki 2012b:231).

Peter Lösche (1993) beschrieb am Beispiel der SPD vor etwa zwanzig Jahren moderne Parteien als „lose verkoppelte Anarchien". In der Piratenpartei scheint diese Charakterisierung mit Blick auf die sich dynamisch wandelnden, gleichrangig nebeneinander stehenden, autonomen Arbeitseinheiten ihre Erfüllung zu finden. Dies gilt jedoch nur für die Arbeits- und Diskussionsstrukturen, nicht für die Entscheidungsstrukturen. Der effektive Einfluss der bisher geschilderten Arbeitsweisen und Organisationsformen endet nämlich an der Schwelle verbindlicher Beschlüsse. Was die dargestellten Organisationseinheiten eint, ist ihre Unverbindlichkeit. Sie arbeiten für die Partei, aber nicht in ihrem Namen. Sie ermöglichen das Mitmachen, nicht das Mitentscheiden.

Mitgliederversammlung als einzigem Ort der Entscheidungsfindung

Um ihrem Prinzip treu zu bleiben, jedes Mitglied an allen Entscheidungen zu beteiligen und auch bei der Wahl ihrer Vorstände keine Macht abzutreten, sind den Führungsgremien der Partei Fesseln angelegt. Ihre Aufgabe –auf Kreis-, Landes-, oder Bundesebene– beschränkt sich auf die Repräsentanz der Basisbeschlüsse und die Verwaltung der laufenden Arbeit. Eigenständige Beschlüsse politischer Positionen sind ihnen nicht gestattet. In der öffentlichen Kommunikation können sie lediglich auf bestehende Beschlussfassungen verweisen und müssen bei aktuellen, von Parteitagen noch nicht behandelten Themen stumm bleiben. Sie verfügen zwar über eine große mediale Präsenz, können diese aber nicht zur Durchsetzung einer eigenen Agenda nutzen ohne den massiven Widerspruch der Mitgliedschaft beispielsweise in Form sogenannter shitstorms zu riskieren. Die egalitäre Organisationskultur und die digitalen Kommunikationstechniken gehen hier Hand in Hand. In ihrem Zusammenwirken entsteht ein „diffuse[s] Machtkorrektiv, das in der deutschen Parteienlandschaft in dieser Form einzigartig sein [dürfte]" (Bieber/Lewitzki 2012:244). Die Kreis-, Landes- und Bundesvorsitzenden der Piratenpartei sind Kapitäne ohne Steuerrad. Sie müssen sich auf ihre Funktion als Resonanzverstärker der Basis beschränken.

Da somit weder die Parteivorstände noch die oben genannten informellen Arbeitseinheiten über formale Entscheidungskompetenzen verfügen, verbleibt die Mitgliederversammlung bzw. der Parteitag als einziges Parteigremium mit verbindlicher Entscheidungsbefugnis. Auf den Parteitagen wird auf das Delegationsprinzip verzichtet und jedes Mitglied verfügt über Stimm-, Antrags- und Rederecht. Die Rechte eines Piraten auf einem Parteitag leiten sich nicht aus formalen Ämtern in der Parteihierarchie oder der Zugehörigkeit zu einer Organisationseinheit ab, sondern begründen sich in seiner Eigenschaft als Mitglied selbst. Zwischen den Parteitagen können daher –von unstrittigen Marginalien abgesehen– keine Entscheidungen gefällt werden. Um auch in diesem Zeitraum der Basis Gehör zu verschaffen wird auf technische Werkzeuge zurückgegriffen. Das bekannteste von ihnen ist Liquid Feedback.

Liquid Feedback: Potenzielle Innovation ohne Relevanz

Liquid Feedback ist eine internetbasierte Diskussions- und Abstimmungssoftware zur Gewinnung von Meinungsbildern über politische Sachfragen (z. B. Jabbusch o. J.). Liquid Feedback soll das Michelssche Delegationsparadox, nachdem Vertretungssysteme demokratiefeindlich und zugleich in demokratischen Systemen unumgänglich seien, auflösen. Liquid Feedback hebt die Notwendigkeit physischer Versammlung auf und erlaubt raum- und zeitunabhängige Entscheidungsprozesse. Die Funktion des „Delegated Voting" soll mittels themenspezifischer Stimmdelegationen einer

Überforderung der Mitglieder vorbeugen. Dabei kann jedes Mitglied festlegen, über welche Themenbereiche er selbst entscheiden möchte und welche Entscheidungen er auf Zeit mit der Option jederzeitiger Abberufbarkeit einem von ihm ausgewählten Dritten überlässt. So bewegt sich Liquid Feedback zwischen einem Repräsentationssystem und dem Konzept eines imperativen Mandats (Buck 2012).

In dieser Hinsicht stellt Liquid Feedback eine eindrucksvolle Innovation dar, die potenziell zur Überwindung des Principal-Agent-Problems in modernen Großorganisationen beitragen könnte. Abgesehen von grundsätzlichen Einwänden gegenüber digital vermittelter Formen deliberativer Demokratie (Buck 2012), bleibt Liquid Feedback vor dem Hintergrund unserer Fragestellung jedoch schon deswegen ohne weitere Relevanz, da die Piratenpartei den dort getroffenen Entscheidungen lediglich den Status eines unverbindlichen Meinungsbildes zubilligt und es damit für die Untersuchung innerparteilicher Machtstrukturen zumindest gegenwärtig weitgehend bedeutungslos ist.[10]

Somit steht Liquid-Feedback wie auch die unzähligen anderen informellen Arbeitseinheiten des weit verzweigten Piraten-Netzwerks unverbunden neben formalen Beschlussgremien des Parteiengesetzes. Die Schwelle von der Sphäre der Beratung in die Sphäre der Entscheidung bleibt eine konzeptionelle Leerstelle. Als einziges Beschlussorgan verbleibt die halbjährliche Mitgliederversammlung. Bis die Partei ihre technischen Möglichkeiten nutzt um den Flaschenhals der physischen Mitgliederversammlung zur

---

[10] Als erster und bisher einziger Landesverband beschloss am 08.07.2012 der Landesparteitag Mecklenburg-Vorpommern einstimmig, den Landesparteitag als ständige Versammlung sowohl einmal jährlich als Realversammlung als auch fortlaufend online nach den Prinzipien der Liquid Democracy durchzuführen. Durch diesen juristischen Winkelzug erhofft man sich die Vorgaben des Parteiengesetzes zu erfüllen. Die Umsetzung des Beschlusses wird jedoch erst im Jahr 2013 beginnen. Die nötige satzungsändernde 2/3-Mehrheit für einen entsprechenden Beschluss auf Bundesebene ist gegenwärtig unwahrscheinlich.

überwinden, ergibt sich die paradoxe Situation maximaler Mitgliedsrechte bei minimalen Gelegenheiten diese zu nutzen.

Einordnung und Ausblick

Der vorliegende Beitrag sollte keine abschließende Analyse der demokratischen Verfasstheit der Piratenpartei vornehmen. Viele partizipationsförderliche Organisationsmerkmale wie die egalitäre Organisationskultur, die democracy-seeking als eigenständiges Parteiziel begreift, institutionalisierte Formen der Autoritätskritik, gering ausgeprägte Statusdifferenzen oder partizipationsförderliche Wahl- und Entscheidungsmodi wurden hier nicht näher beleuchtet.

Als reflexiver Entparadoxierungsversuch der Michelsschen Oligarchisierungstendenzen kann die Partei durchaus wirksame Gegenstrategien entwickeln. Die ausgeprägte Do-It-Yourself-Kultur verspricht in ihrer Kombination mit geeigneten Instrumenten der Wissensdiffusion durchaus Professionalisierungs- und Spezialisierungstendenzen zu hemmen und die machtstabilisierende Wirkung von Herrschaftswissen zu begrenzen. Gleichwohl wurde zum einen die Fragilität des Transparenzgebotes deutlich sowie die absehbare Entwicklung, dass die genannten Maßnahmen Professionalisierungs- und Spezialisierungstendenzen zwar abmildern aber nicht grundsätzlich aufheben können.

Insbesondere die Organisationsstruktur, die eine Antwort auf das Michelssche Delegationsproblem sein sollte, erweist sich aber als Scheinlösung, die mehr Probleme schafft als sie löst.

Zunächst scheint die Parteistruktur der Piraten ihre basisdemokratischen Prinzipien institutionell abzubilden. Die Organisationsziele enden nicht mit einer Verwirklichung flacher und durchlässiger Strukturhierarchien. Die Auflösung der Hierarchie selbst, einer festen Ordnungsstruktur überhaupt ist das Ziel. An ihre Stelle tritt ein dynamisches Netzwerk gleichrangiger Organisationseinheiten, das durch die Einbindung digitaler Kommunikations- und Kollaborationswerkzeuge ihre Funktionsfähigkeit entfaltet. Die „Atomisierung der Mitgliedschaft" (Katz/Mair 1995:21) wird so bis an ihre denkbare Grenze ausgereizt. Diese Grundidee, die Gestaltung seiner Organisationsumwelt dem Mitglied selbst zu überlassen und ihn zum alleinigen Träger der der Entscheidungsgewalt zu erheben, ist die eigentliche organisatorische Novität der Piratenpartei und kommt dem Ideal politischer Gleichheit auf den ersten Blick nahe.

Letztlich scheitert die Partei jedoch an einer praktikablen Verknüpfung ihrer atomistischen Mitgliedskonzeption mit den durch das Parteiengesetz vorgegebenen Entscheidungsprozeduren. Die Transmission der Beratungsergebnisse aus den informellen Arbeitseinheiten des dynamischen Piraten-Netzwerks in verbindliche Beschlüsse offenbart sich als fatale Leerstelle. Denn erst mit der Zusammenkunft aller Mitglieder als Träger der Entscheidungsgewalt werden verbindliche Beschlüsse möglich. Grundsätzlich stellt sich bei anhaltendem Organisationswachstum die Frage, wie lange das Vollversammlungsprinzip insbesondere auf Bundesebene noch Bestand haben kann, da bereits die Durchführung von zwei Parteitagen im Jahr die Partei an ihre organisatorische und finanzielle Belastungsgrenze führt. Bereits jetzt wirkt die Mitgliederversammlung als einzigem Ort der Entscheidung als institutionalisiertes Nadelöhr, das die Möglichkeit zur Ausübung der Mitgliedsrechte auf diesen Punkt verengt. Vor allem bedeutet es eine selbst verordnete, dauerhafte Sprachlosigkeit, die mit den politischen Erfordernissen der Mediengesellschaft inkompatibel ist. Steht nicht gerade einer der seltenen Parteitage vor der Tür, kann die Partei auf neue Entwicklungen nicht reagieren. Die Piratenpartei löst das Delegationsproblem auf Kosten politischer Handlungsfähigkeit. Dieser konzeptionelle Webfehler bedroht nicht nur ihre Konkurrenzfähigkeit im Parteienwettbewerb, sondern auch und gerade das Ideal der politischen Gleichheit, zu dessen Zweck die Konstruktion errichtet wurde.

Der Verzicht auf eine mediale Außenkommunikation lässt eine Lücke, die dazu nicht legitimierte Parteiakteure geradezu herausfordert öffentlich als Sprachrohr der Partei zu wirken. Carty und

Cross (2006) beobachteten im kanadischen Parteiensystem, wie atomistische Mitgliedskonzeptionen einen institutionell angelegten Konflikt zwischen party in public office und party on the ground bei gleichzeitiger Marginalisierung der party in central office hervorrufen. Parlamentsfraktionen verfügen auf Grund ihrer fachpolitischen Expertise und des professionellen Mitarbeiterstabes über die nötigen Ressourcen um im politischen Alltagsgeschäft Positionen im Namen der Partei zu formulieren und öffentlich zu vertreten. Es erscheint auch in der Piratenpartei nicht als unrealistisches Szenario, dass die Fraktionen als party in public office ihre weitgehende Autonomie nutzen, um das durch die seltenen Mitgliederversammlungen geöffnete Machtvakuum zu füllen und die Rolle eines innerparteilichen Taktgebers einzunehmen. Damit würde sich jedoch in der Piratenpartei eine neue Klasse von Vertreternüber die Parteibasis erheben und eine Machtballung in den Händen einer Parteielite ergeben, zu dessen Überwindung die Partei angetreten war.

Literatur

Beyme, Klaus von (2000):Parteien im Wandel, Wiesbaden: Westdeutscher Verlag.

Bieber, Christoph (2012): Die Piratenpartei als neue Akteurin im Parteiensystem,in: Aus Politik und Zeitgeschichte,62/7, S. 27–33.

Bieber, Christoph; Lewitzki, Markus (2012a): Das Kommunikationsmanagement der Piraten, in: Niedermayer, Oskar (Hg.): Die Piratenpartei, Wiesbaden: VS-Verlag, S. 101–124.

Bieber, Christoph; Lewitzki, Markus (2012b): Die Piratenpartei: Organisieren ohne Organisation? In: Korte, Karl-Rudolf; Treibel, Jan (Hg.): Wie entscheiden Parteien. Zeitschrift für Politikwissenschaft Sonderheft 2012,Baden-Baden: Nomos, S. 219–246.

Bluhm, Harald; Krause, Skadi (Hg.) (2012): Robert Michels' Soziologie des Parteiwesens: Oligarchien und Eliten - die Kehrseiten moderner Demokratie, Wiesbaden: VS Verlag.

Borchert, Jens (2012): Michels' Parteiensoziologie und das prekäre Gleichheitsversprechen der Demokratie, in: Bluhm, Harald; Krause, Skadi (Hg.): Robert Michels' Soziologie des Parteiwesens: Oligarchien und Eliten - die Kehrseiten moderner Demokratie, Wiesbaden: VS-Verlag, S. 264–277.

Brodocz, André; Pintz, Anne; Schmelzer, Thomas (2012): Versuch über die Grenzen eines selbstreflexiven Umgangs mit dem ehernen Gesetz der Oligarchie - ein Vergleich zwischen Greenpeace Deutschland und den Grünen, in: Bluhm, Harald; Krause, Skadi (Hg.): Robert Michels' Soziologie des Parteiwesens: Oligarchien und Eliten - die Kehrseiten moderner Demokratie, Wiesbaden: VS-Verlag, S. 278–292.

Buck, Sebastian (2012): Liquid Democracy - eine Realisierung deliberativer Hoffnungen?Zum Selbstverständnis der Piratenpartei, in: Zeitschrift für Parlamentsfragen, 43/3, S. 626–635.

Carty, Kenneth R.; Cross, William (2006): Can Stratarchically Organized Parties be Democratic? The Canadian Case, in: Journal of Elections, Public Opinion and Parties,16/2, S. 93–113.

Hartleb, Florian (2012): Im Takt der Piraten. Eine neue Partei zeigt den alten, wie wenig sie Mitglieder und Bürger an Entscheidungen beteiligen,in: Süddeutsche Zeitung,13. März, S. 2.

Hornig, Eike-Christian (2008): Die Spätphase der Mitgliederparteien in Westeuropa, in:Österreichische Zeitschrift für Politikwissenschaft, 37/1, S. 45–62.

Jabbusch, Sebastian (o. J.): Liquid Democracy in der Piratenpartei: Eine neue Chance für innerparteiliche Demokratie im 21. Jahrhundert?Magisterarbeit. Universität Greifswald, Stand 01.06.12.

Katz, Richard S.; Mair, Peter (1995):Changing Models of Party Organization and Party Democracy. The Emergence of the Cartel Party, in:Party Politics,1/1, S. 5–28.

Knobloch, Jörn (2011): Politiknetzwerke und das Geheimnis. Die Legitimation der Nicht-Öffentlichkeit in der Demokratie, in:Zeitschrift für Politikwissenschaft,21/1, S. 5–32.

Korte, Karl-Rudolf (2011):Eine Zeitkrise des Politischen: Über die Zeitkrise im Superwahljahr 2011.URL: http://www.regierungsforschung.de/dx/public/article.html?id=142, Stand 02.08.12.

Lamla, Jörn; Rosa, Hartmut (2012): Beschleunigungsphänomen und demokratisches Experiment: Auf welche Problemlage reagieren die Piraten?In: Bieber, Christoph; Leggewie, Claus (Hg.): Unter Piraten: Erkundungen in einer neuen politischen Arena,Bielefeld: transcript, S. 175–186.

Linz, Juan J.; Chehabi, Houchang E. (2006):Robert Michels, political sociology, and the future of democracy. New Brunswick, NJ: Transaction Publ.

Lipset, Seymour M. (1962):Michels' Theory of Political Parties,NewYork: The Free Press.

Lösche, Peter (1993). Lose verkoppelte Anarchie. Zur aktuellen Situation von Volksparteien am Beispiel der SPD, in: Aus Politik und Zeitgeschichte, 43/43, S. 34–45.

Michels, Robert (1911):Zur Soziologie des Parteiwesens in modernen Demokratien: Untersuchungen über die oligarchischen Tendenzen des Gruppenlebens, Leipzig: Klinkhart.

Niedermayer, Oskar (1993): Innerparteiliche Demokratie, in: Niedermayer, Oskar (Hg.): Stand und Perspektiven der Parteienforschung in Deutschland, Opladen: Westdeutscher Verlag, S. 230–250.

Niedermayer, Oskar (2012). Organisationsstruktur, Finanzen und Personal der Piratenpartei, in: Niedermayer, Oskar (Hg.): Die Piratenpartei, Wiesbaden: VS-Verlag, S. 81–100.

Onken, Holger; Schneider, Sebastian H. (2012): Entern, kentern oder auflaufen? Zu den Aussichten der Piratenpartei im deutschen Parteiensystem, in:Zeitschrift für Parlamentsfragen,43/3, S. 609–625.

Panebianco, Angelo (1988): Political parties: Organization and power, Cambridge: Cambridge University Press.

Pfetsch, Frank R.; Kreihe, Thomas; Stachura, Mateus (2003):Theoretiker der Politik: Von Platon bis Habermas, Paderborn: Fink (UTB).

Piratenpartei Deutschland (2012): *Bundessatzung.* URL: https://wiki.piratenpartei.de/Bundessatzung, Stand 15.08.12.

Popp, Andreas (2012):Das Problem der kleinen Königreiche. URL: https://andipopp.wordpress.com/2012/06/05/das-problem-der-kleinen-konigreiche/, Stand 28.06.12.

Sartori, Giovanni (1992):Demokratietheorie, Darmstadt: Wissenschaftliche Buchgesellschaft.

Siri, Jasmin (2012): Parteien: Zur Soziologie einer politischen Form, Wiesbaden: VS-Verlag.

Wiesendahl, Elmar (2010): Zwei Dekaden Party Change-Forschung. Eine kritische Bilanz: Krise oder Wandel der Parteiendemokratie? in: Gehne, David; Spier, Tim (Hg.): Krise oder Wandel der Parteiendemokratie, VS-Verlag, S. 92–118.

Die AutorInnen

Jasper von Alemann

Jasper von Alemann hat ein Bachelortudium in Politikwissenschaft an der Universität Hamburg abgeschlossen. Er befasst sich mit Michel Foucault, der post-Apartheid Demokratie in Südafrika, Radikale Demokratie und Diskursanalyse.

Jasper Finkeldey

Jasper Finkeldey hat einen Bachelorabschluss in Politikwissenschaft und studiert derzeit im Masterstudiengang „Political Theory" an der University of Essex (Großbritannien). Wie bei seinem Mitautor sind seine Themenschwerpunkte Michel Foucault, die post-Apartheid Demokratie in Südafrika, Radikale Demokratie und Diskursanalyse.

Torben Fischer

Torben Fischer hat ein Bachelorstudium in Politikwissenschaft und Deutscher Sprache und Literatur an der Martin-Luther-Universität in Halle-Wittenberg abgeschlossen. Das Thema seiner Abschlussarbeit im Masterstudium der Poltikwissenschaft an der Universität Hamburg lautet „Good Governance als politisches Leitbild in der europäischen Staatsschuldenkrise – Eine Untersuchung am Beispiel der Griechenland-Hilfen". Er arbeitet als Junior Consultant in einem Beratungsunternehmen für Institutionen des öffentlichen Sektors.

Arndt Leininger

Arndt Leininger hat sein Bachelorstudium in Politikwissenschaft an der Freien Universität Berlin absolviert. Anschließend wechselte er an die London School of Economics and Political

Science und schloss dort den Masterstudiengang Political Science and Political Economy ab. Zurzeit pronoviert er an der Hertie School of Governance zum Thema direkte Demokratie. Seine Forschungsinteressen sind Politische Ökonomie, Vergleichende Politikwissenschaft, Ökonomische Theorien der Politik Quantitative Methoden.

Benjamin Möller

Benjamin Möller hat einen Bachelorstudium in Politikwissenschaft und Philosophie in Hannover abgeschlossen. Für das Materstudium in Politischer Theorie wechselte er nach Frankfurt am Main und Darmstadt. In seiner Masterarbeit mit dem Titel „Politicity Beyond the Public?" untersuchte er den scheinbar notwendigen Zusammenhang von Politik und Öffentlichkeit. Seine Thematischen Interessen liegen im Bereich Radikaler Demokratietheorie und Sozialtheorie.

Kai Mürlebach

Kai Mürlebach hat in Bielefeld und Vilnius (Litauen) studiert und einen Bachelorabschluss in Politikwissenschaft sowie einen Masterabschluss in Politischer Kommunikation. Seit 2011 promoviert er an der Bielefeld Graduate School in History and Sociology unter dem Arbeitstitel "Macht in Demokratien: Wie die Generalisierung von Macht das politische System in Staaten beeinflusst". Seine Forschungsschwerpunkte sind Soziologische Systemtheorie, Politische Soziologie und Internationale Beziehungen.

Nadja Olloz

Nadja Olloz hat ein Bachelorstudium in Sozialanthropologie und Islamwissenschaften/Middle Eastern Studies abgeschlossen. Die Abschlussarbeit in ihrem Masterstudium an der Universität Bern in den Fächern Anthropologie des Transnationalismus und des Staates (Sozialanthropologie) und Gender Studies hat sie über das Thema 15-M/ Indignad@s in Bilbao verfasst. Ihre wissenschaftlichen Interessensgebiete sind u.a. Soziale Bewegungen (15-M/ Indignad@s, Occupy),das Baskenland, Social Media, Transnationalismus, Identitätspolitik sowie Frauenbewegungen und Feminismus.

Felix Petersen

Felix Petersen hat ein Bachelorstudium in Politikwissenschaft und Slawistik in Bochum und Prag absolviert und anschließend einen Master in Politischer Theorie in Frankfurt am Main/Darmstadt und New York abgeschlossen. Derzeit ist er wissenschaftlicher Mitarbeiter an der Humboldt Universität in Berlin und forscht zu Verfassungspolitik und -gerichtsbarkeit. Gleichzeitig schreibter seine Doktorarbeit mit dem Arbeitstitel „Between Participation and Problem-Solving: Towards a Pragmatist Conception of (Radical) Democracy" und ist assoziiertes Mitglied an der Berlin Graduate School of Social Science (BGSS).

Volker Trotte

Volker Trotte hat an der Technischen Universität Chemnitz einen Bachelor in Politikwissenschaft abgeschlossen, das Thema seiner Abschlussarbeit lautet: „Per I-Voting zum Parlament - Ist das I-Vote-System der Republik Estland in Deutschland anwendbar?" Derzeit studiert er ebenfalls in Chemnitz im Masterstudiengang Politik in Europa, seine Studienschwerpunkte sind u.a. E-Government, E-Politics, E-Voting und I-Voting sowie Politik und Medien. Er ist Projektleiter der Chemnitzer Politiktage und wissenschaftlicher Mitarbeiter am Lehrstuhl Europäische Regierungssysteme im Vergleich an der TU Chemnitz.

Alexander Wuttke

Alexander Wuttke ein Bachelorstudium in Sozialwissenschaften an der Ruhruniversität Bochum abgeschlossen. Derzeit absolviert er an der Otto Friedrich Universität Bamberg einen Masterstudiengang im Fach Politikwissenschaft mit dem Schwerpunkt Politische Einstellungen und Verhalten. Seine Studieninteressen sind Wahl- und Parteienforschung sowie Politische Theorie. Er ist Autor des wahlsoziologischen Blogs www.alltagsempirie.de zur Bundestagswahl 2013 und Co-Organisator des studentischen Symposiums ViceVersa an der Universität Bamberg.

www.tredition.de

Über tredition

Der tredition Verlag wurde 2006 in Hamburg gegründet. Seitdem hat tredition Hunderte von Büchern veröffentlicht. Autoren können in wenigen leichten Schritten print-Books, e-Books und audio-Books publizieren. Der Verlag hat das Ziel, die beste und fairste Veröffentlichungsmöglichkeit für Autoren zu bieten.

tredition wurde mit der Erkenntnis gegründet, dass nur etwa jedes 200. bei Verlagen eingereichte Manuskript veröffentlicht wird. Dabei hat jedes Buch seinen Markt, also seine Leser. tredition sorgt dafür, dass für jedes Buch die Leserschaft auch erreicht wird

Autoren können das einzigartige Literatur-Netzwerk von tredition nutzen. Hier bieten zahlreiche Literatur-Partner (das sind Lektoren, Übersetzer, Hörbuchsprecher und Illustratoren) ihre Dienstleistung an, um Manuskripte zu verbessern oder die Vielfalt zu erhöhen. Autoren vereinbaren unabhängig von tredition mit Literatur-Partnern die Konditionen ihrer Zusammenarbeit und können gemeinsam am Erfolg des Buches partizipieren.

Das gesamte Verlagsprogramm von tredition ist bei allen stationären Buchhandlungen und Online-Buchhändlern wie z. B. Amazon erhältlich. e-Books stehen bei den führenden Online-Portalen (z. B. iBook-Store von Apple) zum Verkauf.

Seit 2009 bietet tredition sein Verlagskonzept auch als sogenanntes "White-Label" an. Das bedeutet, dass andere Personen oder Institutionen risikofrei und unkompliziert selbst zum Herausgeber von Büchern und Buchreihen unter eigener Marke werden können.

Mittlerweile zählen zahlreiche renommierte Unternehmen, Zeitschriften-, Zeitungs- und Buchverlage, Universitäten, Forschungseinrichtungen, Unternehmensberatungen zu den Kunden von tredition. Unter www.tredition-corporate.de bietet tredition vielfältige weitere Verlagsleistungen speziell für Geschäftskunden an.

tredition wurde mit mehreren Innovationspreisen ausgezeichnet, u. a. Webfuture Award und Innovationspreis der Buch-Digitale.

tredition ist Mitglied im Börsenverein des Deutschen Buchhandels.